ALTA DEFINICIÓN

EL FACTOR
CLICK

**EL SECRETO PARA MEJORAR
LAS RELACIONES EN LOS NEGOCIOS
Y EN LA VIDA**

RICK KIRSCHNER

EL FACTOR CLICK

EL SECRETO PARA MEJORAR LAS RELACIONES EN LOS NEGOCIOS Y EN LA VIDA

OCEANO

Diseño de portada y retoque digital: Ramón Navarro
Imagen de portada: Shutterstock/Everything Possible
Fotografía del autor: Mark Arinsberg

EL FACTOR CLICK
El secreto para mejorar las relaciones en los negocios y en la vida

Título original: How to Click with People:
   The Secret to Better Relationships in Business and in Life

Tradujo: Elizabeth Flores

© 2011, Dr. Rick Kirschner

D.R. © Editorial Océano de México, S.A. de C.V.
Blvd. Manuel Ávila Camacho 76, piso 10
Col. Lomas de Chapultepec
Miguel Hidalgo, C.P. 11000, México, D.F.
Tel. (55) 9178 5100 • info@oceano.com.mx

Primera edición: 2013

ISBN: 978-607-735-075-0
Depósito legal: B-20357-LVI

Hecho en México / Impreso en España
Made in Mexico / Printed in Spain

9003665010813

PARA LA GENTE BUENA EN TODAS PARTES, PARA QUIENES
SE PREOCUPAN, SE CONECTAN Y TRABAJAN TODOS
LOS DÍAS POR UN MEJOR MAÑANA

Índice

Agradecimientos

Primero que nada, un enorme agradecimiento a Martha y Peter D'Adamo, quienes me pusieron en contacto con mi maravillosa agente, Janis Vallely. Todo mi aprecio a Janis, quien hizo click con la idea del libro, y dio su experta ayuda para traerlo a la vida. También gracias a Colleen Kapklein, por su perspicaz trabajo editorial, su ayuda para desarrollar el marco conceptual y la capacidad de encontrar las palabras justas para expresar mis ideas; a Kate Griffin, quien pacientemente aportó ideas que han hecho que este libro sea más sólido y valioso para los lectores; a mi buen amigo Hal Dresner, por su inteligencia, ingenio y sus muchas sugerencias útiles a lo largo del camino.

Le estoy profundamente agradecido a mi esposa, Lindea, cuyo espíritu constante, paciencia y amor por la comunidad son mi inspiración constante; a mi hija, mi madre, mi padre y mis hermanos, cuya confianza inamovible es el viento que empuja mis velas; a Jon Peters por su amistad y apoyo; a la ayuda prestada por los encargados del programa del Instituto para Estudios de Gerencia por su permiso y su ayuda en el desarrollo de varias partes de este material; a mi gato, Rollie, cuya juguetona compañía hizo la escritura más disfrutable. Gracias también a la multitud de personas que contribuyeron con historias y ejemplos, o que han probado la confiabilidad de este libro.

A todos ellos, su entusiasta fe en este libro me inyecta esperanza en que en verdad podemos hacer del mundo un mejor lugar a través de involucrarnos entre nosotros y de participar en redes y comunidades en constante expansión.

Rick Kirschner
Ashland, Oregon

Introducción

Hay gente con la que uno hace click. La conexión es rápida y fácil. Te entienden, los entiendes. La comunicación fluye. Puedes decirles cualquier cosa y sabrán exactamente lo que quisiste decir. Sientes que te ven, te escuchan, te entienden. Te sientes aceptado y apreciado por lo que realmente eres. Todo porque hubo click.

Click. El estado mental y existencial en que las cosas encajan perfectamente. Al hacer click, la persona obtiene una nueva perspectiva al conectarse con la cosmovisión del otro. Se trabaja mejor con los demás y se obtienen mejores resultados. Las sociedades y los equipos resultan fortalecidos. Hay un mejor intercambio de ideas e información. Se resuelven problemas interpersonales y la persona juega un papel más importante en su entorno. Lo mejor de todo es que se construyen relaciones verdaderas, el tipo de relaciones que duran para siempre.

Es probable que pienses que el click es una cosa instantánea. Sucede o no. Congenias con la gente, o no. Hay un puñado de personas en el mundo con las que haces click, y luego está el resto del mundo. Sea que los ames o los odies, nunca estarás en su misma frecuencia.

Te equivocas.

Puedes aprender a hacer click. Puedes hacer que el click suceda. Hacer click es una habilidad, como andar en bicicleta o arreglar un auto, y como cualquier habilidad, es posible aprenderla.

Durante casi tres décadas me he dedicado a enseñar el arte de la persuasión, la resolución de conflictos y habilidades para construir relaciones, y esta labor me ha llevado a viajar alrededor del mundo. He ayudado a mucha gente a lidiar con comportamientos conflictivos de compañeros de trabajo, jefes e incluso familiares; les he enseñado a encontrar el camino para resolver su propio sentido de propósito existencial y hacer cambios fundamentales en sus hábitos. Mis clientes quieren hacer una diferencia en sus vidas, algo que sea importante, y yo los he ayudado a encontrar la motivación y el enfoque adecuado para lograrlo. Y toda esta labor se basa en la idea de que, para que la gente se lleve bien entre sí y logre sus objetivos, primero tiene que hacer click.

Casi todo lo que necesitas saber sobre el éxito en la vida es de naturaleza personal. A través de mi propia experiencia, y la de las personas con las que he trabajado, he aprendido que todos nos necesitamos mutuamente para poder tener un trabajo satisfactorio, una carrera exitosa y vidas llenas de sentido. Sin importar el contexto cultural, grupo de edad o estatus social, la necesidad de llevarse bien con la gente es fundamental para la felicidad y el éxito. Sin importar las habilidades técnicas que poseas en tu campo de trabajo, sin importar cuán listo seas, cuán capaz o dotado, si no sabes llevarte bien con la gente, no tendrás éxito.

> Las habilidades para relacionarte con los demás son la clave del éxito.

Sea que haya bonanza o que la economía esté en el caño, a la gente a la que le va mejor, la que prospera y avanza, es la que sabe cómo conectarse con los demás de manera significativa. En otras palabras, quienes saben cómo hacer click.

Es aquí donde entra este libro. Este libro te enseñará cómo hacer click, construir conexiones de forma rápida, y luego desarrollarlas tan profundamente como lo desees. Sólo es cuestión de saber qué hacer, por qué y cómo hacerlo.

En la primera mitad del libro, aprenderás cómo lograr que la gente te entienda y cómo entenderlos a ellos. El capítulo 1 explica el click básico que puedes hacer con cualquier persona en cualquier momento. El capítulo 2 analiza qué hace que una persona sea "clickable"—qué es lo que hace que sea fácil hacer click con alguien— y cómo desarrollar esa habilidad. El capítulo 3 explora el papel que juega la habilidad de escuchar para lograr que la gente se sienta atraída a ti. Los siguientes tres capítulos tratan sobre tres importantes áreas de "clickabilidad", es decir, la capacidad de hacer click o congeniar (estilo comunicativo, motivación y valores), que permiten la formación de conexiones cada vez más profundas entre las personas.

Los siguientes dos capítulos proporcionan soluciones en áreas problemáticas específicas en el proceso del click: no lograr un encuentro personal y la interacción con personas problemáticas. En el capítulo 7 se discute cómo hacer click de manera eficaz vía telefónica, por correo electrónico y a través de las redes sociales; mientras que el 8 demuestra cómo es posible hacer click incluso con gente prepotente, criticona, negativa, poco fiable o sarcástica.

La segunda mitad del libro explora cómo lograr que la gente comprenda tus ideas. El capítulo 9 cubre "la zona de click", y cómo (y por qué) entrar en ella en cualquier momento que desees que otros se unan a tu idea o se involucren en alguna tarea. Los capítulos 10 y 11 se enfocan en cómo presentar ideas, de manera que éstas apelen tanto a la mente como al corazón, y conectarse con la manera en que la gente piensa y siente.

El capítulo 12 revela los principales obstáculos que evitan que las ideas hagan click, y cómo evitarlos y recuperarse una vez que se ha caído en ellos. El capítulo 13 analiza el click con grupos de personas, y cómo crear el click dentro de estos grupos. El capítulo final reúne todas las piezas para examinar la pregunta "¿Por qué hacemos click?".

Sugerencias
para usar este libro

Léelo de principio a fin

Lee el libro una vez, de principio a fin. Ábrete a las ideas e imagina las posibilidades. Considera releerlo para revisar el material más aplicable para ti. Si cualquiera de las ideas te parece familiar, pero aún no actúas conforme a lo que aprendiste, deja que cada lección te recuerde en el mundo real lo que en el pasado sólo has podido imaginar.

Pruébalo

Usa todas las lecciones que te interesen con al menos una persona, al menos dos veces. Entre más pruebes una idea, mejor entenderás cómo funciona y cómo trabajar con ella.

Úsalo como referencia

Una vez que sepas dónde está cada cosa en el libro, podrás encontrar las ideas que necesites cuando las necesites, y usarlas para conectar con la gente en casi cualquier situación. En el camino encontrarás ayuda adicional sobre dónde y cuándo una lección te resultará de más valor.

Busca un compañero

Encuentra a alguien con quien ya hagas click e invítalo. Lean juntos. Escuchen juntos. Hagan click juntos.

Trabajar con un compañero fiable en el proceso de aprendizaje siempre funcionará mejor que trabajar solo.

Sigue avanzando

Haz click en las oportunidades en línea en TheArtofChange.com/Click. Y sigue mi blog en www.theartofchange.com. Estos materiales pueden funcionar como un recurso continuo para ti mientras sigues haciendo click con la gente que te rodea.

CAPÍTULO 1

El click básico

El poder de la resonancia

El click sucede de muchas maneras, pero, en su nivel más básico, se trata de explotar el profundo poder de la resonancia. La resonancia tiene lugar cuando objetos que vibran responden a otras vibraciones o frecuencias que se aproximan a su propio ritmo natural. La resonancia hace que muchas cosas sean posibles: la música, la radio, la televisión y el click.

Todos hemos experimentado el poder de la resonancia. Cuando bailamos, podemos sentir una conexión con la pareja de baile, una suerte de sincronización. Cuando cantamos juntos en armonía, nuestras voces resuenan en la misma frecuencia. El efecto puede conmovernos, hacer que nuestros ojos se llenen de lágrimas o movernos al compás. Cuando la armonía es tal que prácticamente completamos las frases del otro, hemos llegado al corazón del poder de la resonancia. Y cuando hemos alcanzado el poder de la resonancia, hemos hecho click.

Patrones de semejanza

Cuando nos encontramos con alguien por primera vez, tomamos una decisión básica y lo hacemos de forma inmediata: ¿es parecido a mí o no? Sin un patrón de semejanza que nos una, no hay resonancia. Eso se traduce en que no hay confianza, cooperación, beneficio de la duda: no hay click. Entre más sustancial sea ese patrón, más profundo será el click con la persona que lo comparta.

Los patrones de semejanza más obvios se encuentran en los fundamentos de la vida misma, como nuestras necesidades, motivaciones y valores. La gente forma organizaciones alrededor de sus valores compartidos y trabaja con mucha diligencia para tener un efecto en el mundo basado en estos valores.

Hacemos click cuando tenemos una tradición o una cultura compartida. Si tú y yo tenemos un bagaje similar, que puede escucharse en la resonancia de nuestros acentos y coloquialismos, detectamos este patrón y crece nuestro sentido de conexión. La gente que ha estado en el ejército o algún otro cuerpo de servicio nacional, de inmediato resuena con otros que revelan las mismas experiencias en el pasado. La gente que ha pasado por tragedias y las ha superado, encuentra una resonancia compartida en los recuerdos de la experiencia. Forman un lazo que quienes no han pasado por tales circunstancias nunca pueden entender del todo.

Lo semejante nos atrae porque nos es familiar, y nos sentimos cómodos con ello.

Integración

Esta resonancia de patrones de semejanza sucede de forma natural cuando ya establecimos un terreno común con alguien más, con gente que nos importa mucho o en la que estamos muy interesados, o con quien compartimos experiencias de vida significativas. Pero crearla es una habilidad que cualquiera puede aprender. En vez de dejar que sea el terreno común lo que dé origen a la resonancia, invocar de forma consciente los patrones de semejanza y resonancia puede dar pie a este terreno común. La creación de patrones de semejanza se llama integración, y es una de las formas más básicas de crear el click.

La integración se trata de reducir las diferencias entre uno mismo y alguien más para crear un patrón resonante de semejanza. Esto no quiere decir que tengas que volverte igual a la otra persona, o pretendas ser igual, para crear el click. Lo que quieres es poner un mayor enfoque en los puntos en común. Cuando se resaltan contra un trasfondo hecho de semejanzas, las diferencias se vuelven puntos de interés más que de conflicto.

La integración puede ocurrir de muchas maneras distintas, incluyendo patrones verbales y no verbales, estilos de comunicación, motivación y valores, aspectos que se explorarán más adelante en este capítulo.

> La integración tiene lugar cuando te das cuenta de lo que está ocurriendo y responses con una señal de patrón de semejanza correspondiente.

El click a través de la integración

La buena noticia es que tú ya sabes cómo integrarte. Lo haces todo el tiempo con la gente con la que naturalmente resuenas. Ahora es momento de comenzar a observarte a ti mismo y a los demás, y usar esta habilidad conductual innata de forma intencionada. Es posible invocar esta aptitud en cualquier momento que lo necesites o desees para crear un click básico. Lo único que tienes que hacer es prestar atención a lo que la gente te revela sobre sí misma y alinearte con ese conocimiento. Presta atención a su comportamiento, sus palabras, sus acciones y sus historias. Si, por ejemplo, la otra persona habla muy rápido, entonces tienes que hablar rápido. Si hace muchos ademanes, tienes que hacer muchos ademanes. Si tiene la tendencia a no mirar a la gente a los ojos, tienes que evitar hacer contacto visual prolongado. La integración sucede cuando te das cuenta de lo que está ocurriendo y respondes con una señal de patrón de semejanza correspondiente.

Recuerda, no se trata de copiar a la otra persona, ya que eso rápidamente volvería la situación muy aburrida y, francamente, perturbadora. Lo que quieres es complementar y resonar con la persona con quien estás. Tú mismo no puedes poner en marcha la integración, sólo puedes integrarte en respuesta a lo que alguien más dice o hace.

Integración no verbal

Muchas de las formas más importantes de integrarse son no verbales. Esto se debe a que muchas de las cosas más importantes que comunicamos son no verbales. Mucho de la manera en que procesamos mentalmente lo que otras personas dicen no tiene que ver con lo que dicen propiamente, sino con la manera en que la persona se ve al momento de transmitir el mensaje. En otras palabras, no es lo que dices, sino cómo lo dices.

Hace unos años me detuve a comprar un café en un minisúper. El empleado que atendía el mostrador era poco amigable y, a pesar de la expresión enojada de su rostro, le sonreí. Él miró para otro lado. Cuando le pregunté dónde estaba el café, simplemente apuntó a una esquina y ladró: "¡Por allá!". Encontré el café, pero no vi crema líquida por ningún lado, sólo había crema en polvo de la que viene en paquetitos.

"Realmente odio el sustituto de crema para café, ¿no te pasa lo mismo?", le pregunté, esperando llegar a un punto de acuerdo.

"Me da igual", dijo, casi gruñendo.

Le pedí algo más, pero seguía en una actitud, para ponerlo en términos decentes, de poca ayuda. "¿Tienes leche, crema o algo similar? ¿Algo que venga de la vaca?", pregunté, en son de broma.

Su respuesta fue un agresivo "No".

Terco por naturaleza como soy, insistí. En la esquina vi un contenedor de helado, así que le pregunté: "¿Le puedes poner una cucharada de helado a mi café? Podría ayudar a suavizar el sabor".

Dijo: "No", y no lo dudé en lo absoluto.

No fue sino hasta que vi que entornó los ojos, en un gesto de fastidio, que me di cuenta de que mi lenguaje corporal estaba transmitiendo una señal completamente errónea. Él no tenía nada en las manos, ni café ni nada más. No sonreía. No bromeaba. Y aunque mis intenciones eran buenas, me di cuenta de que mi comportamiento le estaba transmitiendo la idea de que ni me caía bien ni me importaba para nada su persona; en lo que a él concernía, no nos parecíamos en lo absoluto.

Así que puse mi café en el mostrador e imité su postura. Crucé los brazos a la altura del pecho, bajé la cabeza y le pregunté sin más: "¿Hice algo mal, o simplemente estás teniendo un día difícil?"

Y así como así, empezó a decirme lo que traía en la cabeza.

"¡Los del turno de la noche dejaron la tienda hecha un desastre! Me la pasé horas limpiando la tienda esta mañana; me está matando la espalda". Hizo una breve pausa, relajó un poco la postura y finalmente me preguntó: "¿De qué sabor?". ¡Click!

La integración permite enviar señales a la otra persona en el sentido de que estás de su lado, con ella en vez de contra ella, que son similares de formas evidentes o sutiles. Aún más, la integración incrementa la probabilidad de cooperación, al tiempo que reduce la posibilidad de conflicto.

• Lenguaje corporal

La integración a nivel físico incrementa la posibilidad de cooperación. Al imitar la postura de la otra persona, se pone en marcha el patrón de resonancia. Si la otra persona está parada y tú sentado, levántate para hablar con esa persona. Si el otro está sentado y tú de pie, acerca una silla. Si él está jugando con una pluma, tú puedes jugar con la punta de tu pie. De esta manera estarás complementando no sólo su lenguaje corporal, sino también sus niveles de energía y confort.

• Espacio personal

A la mayoría de la gente le agrada tener un espacio libre a su alrededor de unos 60 o 100 centímetros, una burbuja de aire, por así decirlo; pero algunos ocupan mucho espacio, y otros muy poco.

Al acercarte a alguien, observa cuánto espacio personal tiende a poner a su alrededor. Si alguien entra en tu espacio personal, esto es una pista de que su zona es más pequeña. Si se hace para atrás, quiere decir que prefiere un espacio mayor. Sé observador y mantén tu distancia, de esta manera lograrás que se sienta lo suficientemente cómodo para permitirte hacer click.

A lo largo de los años, Allan había demostrado ser uno de los gerentes de división más exitosos de la empresa para la que trabajaba. Sin importar que se tratara de calmar a Cheryl después de una frustrante sesión con los inversionistas, o de animar a Joseph a hacer una llamada especialmente difícil a un cliente porque sabía que podía estar a la altura del reto, Allan entendía a sus empleados y cómo fomentar el éxito en ellos. Sus subordinados, a cambio, confiaban plenamente en que Allan siempre los apoyaría.

Sean era uno de los vendedores más prometedores de Allan, a pesar de su juventud. A unos meses de haber entrado a trabajar, ya se había ganado un lugar como uno de los mejores empleados de la empresa, pero tras sufrir su primer revés —al perder la posibilidad de una lucrativa cuenta— se puso muy mal. Todo el tiempo y la energía que Sean había invertido en el desarrollo de la relación con el cliente habían sido inútiles, y no le quedaba más que caminar de un lado a otro de su oficina, sacudiendo la cabeza, incrédulo, y jalándose el cabello.

Allan se dio cuenta de este comportamiento inusual al dirigirse a la sala de descanso, así que comenzó a caminar de la misma manera que Sean. Donde antes había sólo una persona desgastando en vano la alfombra, ahora había dos. Ni Allan ni Sean dijeron una sola palabra, pero ambos tenían una expresión curiosa, de desconcierto. Sean no estaba solo en su predicamento.

Tras un minuto, Sean se detuvo y miró a Allan. Con una nota de desesperación en la voz, se quejó: "¡No sé qué salió mal!".

Allan asintió. "Sí, lo entiendo. Es una dura pérdida, Sean, pero, ¿sabes qué? Vamos a resolver esto. Quizá incluso encontremos alguna ventaja en ello".

Fue todo lo que dijo. De inmediato, Sean se enderezó, se acomodó el cabello, como participando de la confianza emanada de su gerente. La conversación que siguió fue profunda, y con el apoyo de Allan, Sean pudo trabajar para encontrar una solución al problema.

Integración verbal

Por supuesto que mucha información importante se transmite de forma verbal, y ésta es otra oportunidad para integrarse. Pero no sólo hablamos de las palabras que se usan, sino también de la manera en que éstas suenan:

• Tempo y volumen

¿Alguna vez te ha pasado que alguien te grita estando a diez centímetros de tu cara o has tratado de descifrar las palabras de alguien que murmura? Es, por decir lo menos, frustrante. Para enviar las señales adecuadas y lograr el click, es tan importante usar lenguaje corporal complementario como adaptar la velocidad y el volumen de la voz a los patrones de habla de la otra persona. El que murmura no sabe lo difícil que es para los demás escucharlo, pero si tú le hablas en una forma similar a la que él usa, le será difícil entenderte. Es probable que te pida que hables más fuerte. Y entonces lo único que tienes que decir es: "¿Sí, verdad? ¡Yo tampoco te escucho bien!". Probablemente se reirán juntos de la situación, y a partir de ese momento no tendrán problemas para escucharse mutuamente.

• Tiempo y espacio

Presta atención a la manera en que la gente utiliza los tiempos verbales. Sin importar el momento en que haya ocurrido cierto evento, hay quien prefiere hablar en pasado, otros en futuro y otros más en el presente simple.

Considera lo siguiente.

Un día, durante la hora de la comida, Carlo contó una historia sobre el día en que su pareja, Sharon, conoció a quien más tarde sería su jefe. Al explicar los detalles, podría haberlo hecho en pasado, diciendo algo como: "Sharon de hecho lo conoció en McSorley's, después del torneo de la NCAA". Si tú estuvieras escuchando la conversación, podrías responder con un tiempo verbal similar, diciendo: "¿A quién fue que conoció ahí?". O, por otro lado, si a Carlo le gustara contar las cosas en presente, podría haber dicho lo siguiente: "Ahí tienes que está Sharon en McSorley's, viendo el partido de la NCAA, y en eso lo conoce". Tú podrías haber respondido en presente, aunque el hecho ocurrió en el pasado. "¿A quién dices que conoce?". Es una forma sutil de integrarse, pero muy poderosa.

Ella: Me *preocupaba* que fueras a perderte la junta.

Tú: Sé que *estabas* preocupada.

Ella: Pero *tengo* grandes expectativas sobre ella.

Tú: Yo también las *tengo*.

Ella: Ahora que estamos los dos aquí, ¿por dónde *comenzaremos* a trabajar?

Tú: Comencemos por lo que te parezca que *será* más atractivo.

La integración no requiere mucho esfuerzo. En realidad es bastante simple, y un poco de ello logra grandes resultados. Encuentra algo —la postura, los ademanes, el tono de la voz, el tiempo verbal o el espacio interpersonal—, cualquier cosa, con la que puedas integrarte, así crearás los patrones de semejanza a los que todos los humanos estamos programados para responder de manera positiva. De esta manera podrás entrar en sintonía con cualquier persona y explotar el poder de la resonancia a tu favor, creando así clicks —y las conexiones, placer y oportunidades que los acompañan— a donde quiera que vayas.

CAPÍTULO 2

Clickabilidad, ¿qué es y quién la tiene?

Sé claro sobre lo que te importa, y por qué

Para la gente que vive la vida con pasión es más fácil hacer click con otras personas. Saber qué es importante para ti —y por qué— te permite explotar el potencial de tu pasión. Ese fuego interno te llena de energía. Es esa energía lo que hace que la gente se sienta atraída a ti, ¡es un imán para el click!

Cuando tienes la energía para actuar como si estuvieras siempre en el lugar correcto y en el momento preciso, no importa quién esté a tu alrededor, ni lo que esté sucediendo, estás mostrando tu clickabilidad. Cuando tienes energía de sobra, no sólo llegas a una habitación, sino que haces una entrada. Miras a tu alrededor, haces contactos visuales, te mueves un poco más rápido que los demás, cuando le das la mano a alguien lo haces con confianza y determinación. Valorar —saber qué valoras y por qué— te da la energía para hacer conexiones.

Veamos el ejemplo de Darla. Estudiante de medio tiempo y empleada de tiempo completo, tenía suerte si podía dedicarse cinco minutos al día a ella misma. Hacía un tiempo que el estrés la estaba agobiando y terminó por afectarle. Exhausta, cada día se obligaba a ir a trabajar, a menudo no combinaba bien su ropa y olvidaba llevarse la comida del medio día. Cuando se le presentó la oportunidad de exponer sus ideas en el trabajo, estaba demasiado cansada para ver por sus propios intereses. Siempre había un problema que tenía prioridad: el plazo para una publicación, la tintorería, la factura del veterinario de su canario. Tener la energía baja se convirtió en un pretexto para cerrarse en lugar de contribuir.

Una mañana, Darla vio sin querer su reflejo en el espejo camino al trabajo. Se quedó en *shock* por un momento, incapaz de reconocer a la persona que vio. Eso no era ella, pero ¿qué le había llevado a esta espiral? Se hizo algunas preguntas fundamentales: "¿Por qué tendría que preocuparme por mí cuando no les importo a los demás? ¿Por qué tengo que considerar a la gente que conozco hasta cuando son difíciles e insoportables? ¿Por qué tendría que importarme cómo respondo a los retos y oportunidades que surjan hoy?".

Darla sabía que en algún momento —antes de que pequeñeces de la vida se interpusieran en su camino— había sido diferente. Solía tener motivación para desarrollar estrategias y lidiar con cualquier tipo de comportamiento. Le fascinaba trabajar con gente y ver lo que resultaba de su dedicación y esfuerzo. En algún punto, se olvidó de lo que era importante, pero eso debía cambiar. En lugar de quedarse esperando a que las circunstancias le ofrecieran su mejor cara, tendría que elegir forjar, ella misma, sus propias circunstancias.

Para aumentar su energía, debía administrar su tiempo de forma que pudiese tener cada mañana un poco de paz y tranquilidad para planear su día, incluyendo las pausas necesarias para recargar baterías.

El cambio fue pequeño, superficial al principio. Añadir simplemente unos minutos al tiempo que ya tomaba para alistarse por la mañana, fue suficiente para que al momento que llegaba al trabajo se sintiera más segura de sí misma. Una pequeña alteración dio pie a otra y otra.

En poco tiempo se recuperó del bajón y tuvo más energía que nunca. No sólo tuvo tiempo de ocuparse de ella misma, sino también de ponerse al día, ayudar a otros y desarrollar las relaciones que pretendía. Desde entonces, cada que entraba en alguna habitación, todo el mundo se daba cuenta. La gente a su alrededor no podía evitar reaccionar cuando ella estaba por ahí.

Conectar con otros no tiene que ser una obsesión. Valorar y tener curiosidad por las diferencias entre personas hace que crezca la energía natural y la clickabilidad innata.

Sé responsable por la forma en la que te relacionas con otros

Por el bien de este capítulo, voy a usar la palabra "responsabilidad" para referirme a la capacidad de responder adecuada e inteligentemente ante una situación en lugar de sólo reaccionar. Responder, a diferencia de reaccionar, no es tan difícil como se podría creer. Tan sólo hay que darse cuenta de lo que está sucediendo, conectar con la situación en lugar de combatirla o ignorarla, luego encontrar una manera de aprender de ella y, por último, utilizarla u olvidarse por completo de ella. Cuando eres responsable de ti mismo, sabes que es tu decisión y te das cuenta de que tu mejor habilidad es tu respuesta a lo que depare el momento.

Entre más relaciones del pasado estén resueltas, menos te llevas arrastrando. Limpiar el pasado es una clave muy importante para obtener resultados con la gente del presente. Ser responsable de uno mismo nos pone encima de las reacciones de los demás y, de esta manera, somos receptivos. Hay que tener en cuenta que ser responsable no se trata de culpar, sino de elegir.

Una persona responsable de sí misma es capaz de asociar consecuencias futuras con elecciones de hoy, y las consecuencias de hoy con las elecciones del pasado.

Por años, Denise se dio el lujo de trabajar para una empresa en donde la mayoría eran mujeres, así que cuando descubrió que su nuevo jefe era un hombre no le sentó nada bien. Si había una cosa que no soportaba, era a un hombre en un cargo de autoridad. Si no eran sus refunfuños misóginos o sus predisposiciones sexistas, sería el no darle luz verde a su proyecto y su arrogancia. Por supuesto que en la primera reunión Denise y Richard chocaron.

Richard fue muy directo. "Ya están listos los planos para el lanzamiento de nuestro producto," dijo, dando un paquete de cuatro colores a cada uno en la reunión.

A Denise le molestó que, de nuevo, un hombre le eclipsara la oportunidad de compartir sus ideas y no tardó en decírselo, incluso antes de que terminara la presentación. Richard agradeció su contribución, pero insistió en su plan. Cuando repitió sus intenciones, Denise perdió los estribos. Richard, al defenderse, no reaccionó bien.

Los asistentes a la reunión habrían estado de acuerdo en que esto era un patrón ya conocido. Después de la presentación de Richard, una compañera de Denise se acercó a su escritorio a preguntarle lo que había pasado. Richard era nuevo en la empresa, y ajustarse a sus métodos sería difícil, le aseguró a Denise, pero era su superior y se merecía ser tratado con respeto. "Además," continuó la compañera de Denise, "ésta no es la primera vez que ocurre. ¿Qué pasó con el supervisor de tu antiguo trabajo? ¿O con Bob, el de contabilidad? ¿O la vez que casi le comes la cabeza a tu profesor de mercadotecnia?".

Denise empezó a darse cuenta poco a poco de lo que estaba pasando. No le gustaba que ningún hombre le dijera lo que tenía que hacer y su amiga tenía razón: no estaba siendo nada profesional con Richard.

Denise decidió aprender de sus errores pasados y trabajar en lo que fuese necesario para sobreponerse a sus problemas.

Aprendió a presentar sus ideas pidiendo ayuda, consejos u opinión, en lugar de exigir acciones (y enojarse cuando no las obtenía). En lugar de dejarse llevar por sus emociones, aprendió a manejarlas. Comenzó a responder

> a comportamientos, incluso indeseables, de Richard o de alguna otra figura de autoridad de una manera más sintonizada, utilizando habilidades como escuchar y crear armonía.
>
> Como era de esperarse, el plan original de Richard resultó muy bueno. En la siguiente reunión de lanzamientos, Denise utilizó su nueva estrategia para sugerir algunas ideas, las cuales Richard ahora era capaz de escuchar y aceptar. Denise pudo finalmente escuchar las sugerencias de Richard sobre cómo necesitaba mejorar todo el equipo sin polarizar sus comentarios o sentirse ofendida. Ahora trata a Richard con respeto, y recibe respeto a cambio.

Se necesita un fuerte compromiso para lidiar con cualquier bagaje que traigamos a las espaldas, pero cuando uno está listo para soltarlo, enseguida se aprecia una sensación de ligereza.

Para sentirse más dueño de cualquier situación en la vida, hay que comenzar comprometiéndose con aprender de cada experiencia, y prepararse para cada nueva situación que surja. Después de un encuentro amargo, revisa lo que pasó y trata de pensar en lo que pudiera haber funcionado mejor para ti. Si no logras sacar una conclusión, toma un modelo o un amigo que sepa mejor que tú lo que se debe de hacer e imagina el encuentro de una forma diferente. Antes de lidiar con alguien o de comenzar una conversación, pregúntate qué es lo que querrías que sucediera al final. Así se desarrolla la habilidad de responder a lo que surja.

Tratar a cada persona con igualdad

Tener clickabilidad significa tratar a cada persona con igualdad, de la misma manera que quieras ser tratado.

Todos tenemos necesidades y deseos. No importa lo buenos (o malos) que seamos en algo, siempre habrá alguien mejor (o peor). A todos nos ha pasado no estar a la altura, pero nuestros fallos y decepciones no nos hacen *menos que* nadie: nos ayudan a convertirnos en lo que somos.

Cuando no tenemos prejuicios y somos imparciales, tenemos la capacidad de reconocer que todos están haciendo lo mejor que saben. Podemos no tener todas las respuestas, pero podemos asumir con certeza que nadie las tiene. Incluso las preguntas más simples pueden probar que merecen tiempo y consideración.

He conocido, entrevistado y trabajado cerca de muchas personas de éxito. He conocido directores ejecutivos y presidentes, gente de la realeza y gente con gran talento. Entre más éxito tiene esta gente, es menos probable que alardeen, que sean pretenciosos o que omitan méritos de otras personas. No pierden el tiempo tratando de impresionar a nadie, saben que se aprovecha mejor la vida a través de conexiones y de relaciones positivas. Lo mismo sucede con carteros, estudiantes, gerentes. La vida no es justa, pero casi siempre la gente prefiere la justicia en lugar de pasar sobre otras personas. Hay que recordar: *cualquier* negocio se trata de personas.

Ser atento

Son los pequeños detalles los que cuentan cuando se trata de hacer sentir especial a la gente. Empieza con algo tan simple como los nombres. Saber los nombres de las personas es importante. Son códigos de identidad, de quiénes somos y cómo queremos que se dirijan a nosotros. Seguramente has conocido gente que se ha tomado libertades con tu nombre, que te ha puesto algún apodo con el que no te identificabas o no merecía tu atención, y eso no te ha gustado, ¿no es así? La mayoría de las personas no expresa cuando no le gusta el nombre con que le llaman y es muy probable que nunca te lo perdonen. ¡Ahí se fue una oportunidad de hacer click!

Prestar atención a la manera en que la gente se presenta es una buena guía para dirigirnos a ellos, por lo menos al principio. Si queremos cambiar de un nombre formal a uno más informal, hay que pedir permiso. Es decir, si estamos hablando con alguien que se presentó como el doctor Sam Smart, podemos preguntar: "Dr. Smart, ¿puedo llamarle Sam?". Hay muchas probabilidades de crear sintonía en ese momento.

Una vez que lo conseguimos, hay que mantener la conversación. Muchos creen que una charla trivial no vale mucho, pero me he dado cuenta de que puede causar gran impresión. A las personas les encanta hablar acerca de ellas mismas. Ser atento con la gente significa tratar de engancharlos y alentarlos a hablar sobre ellos. Los que no quieran, tratarán de darle vuelta a la conversación; en ese caso, saca material de lo que ya se dijo para poderles preguntar al respecto. "Ya estuve en Bali, Hong Kong y Singapur, ¿y tú, ya has viajado por Asia?".

El aspecto más intimidante de una charla trivial es saber exactamente de qué hablar. Sólo hay que recordar estos cuatro temas y todo correrá bien: trabajo, familia, pasatiempos, cultura.

La mayoría de las charlas triviales entre desconocidos comienza con el *trabajo* porque la mayoría tiene mucho que decir sobre lo que hace en la vida. Ya sea porque les fascina lo que hacen o porque lo odian tanto que necesitan desahogarse un poco. De cualquier manera, alguien siempre tendrá una opinión y una vez que se sientan en confianza será más probable que se abran a los demás.

El tema *familia* es más personal. Las conversaciones sobre la familia con gente que no conocemos deberán ser superficiales porque éste puede ser un tema muy delicado para algunos. Hay que intentar que nos muestren una fotografía, estar atentos por si mencionan a la pareja u otro miembro de la familia, y usar eso para continuar con la conversación. Hay que mantenerse atentos e interesarse en cualquier cosa que se mencione sobre la familia.

Un *pasatiempo* es lo que la gente hace en su tiempo libre. Hablar sobre los pasatiempos puede ser muy divertido y eficaz para conectar con alguien. Se puede aprender mucho sobre los puntos fuertes de una persona cuando sabemos lo que le gusta hacer. Cuando logramos hacer que los otros hablen de las cosas que les apasionan, los hacemos emocionarse, lo cual es un buen comienzo para sintonizar.

La *cultura* es una gran oportunidad para una conversación. Casi todo el mundo lee libros, ve películas, sigue celebridades, es aficionado de algún equipo y/o tiene criterios sobre lo que sucede en la sociedad en general. Cuando le preguntas a alguien sobre su opinión acerca de asuntos culturales (la muerte de una estrella de cine, la última novela recomendada por Oprah o el último campeonato —o escándalo— deportivo), no te sorprenda que se abra una compuerta de conexiones y que un torrente de opiniones se abra paso.

Todo lo que necesitas para comenzar una conversación con desconocidos son unas cuantas preguntas abiertas. Después de un saludo amigable, utiliza preguntas desencadenantes tales como:

- **Familia**
  "¿De dónde eres?"
  "¿Estás casado/a?"
  "¿Tienes niños?"

- **Trabajo**
  "Y ¿a qué te dedicas?"
  "¿Desde cuándo te dedicas a esto?"
  "¿Qué has aprendido de tu trabajo?"
  "¿Qué le cambiarías si pudieras?"

- **Pasatiempos**
  "¿Qué haces en tu tiempo libre?"
  "¿Qué es lo que más te gusta de esto?"

- **Cultura**
  "¿Qué opinas de (tal película, tal libro o de algún equipo local)?"
  "¿Me recomendarías algún buen restaurante por la zona?"

También se pueden hacer preguntas acerca de la vida en general. Este tipo de preguntas de verdad rompen el hielo. He estado en fiestas en donde los anfitriones les piden a sus invitados que hablen con alguien que no conozcan y descubran algo único y especial sobre esa persona. Intenta con preguntas como: "Si pudieras ir a cualquier lado y hacer cualquier cosa, ¿a dónde irías y qué harías?", "¿Qué es lo más interesante que has hecho?" y "¿Cuál es la persona más interesante que has conocido?". Antes de que se den cuenta, todos estarán hablando con todos y se estará creando una buena sintonía en lugar de que la gente se aísle en grupos con la gente que ya conoce.

Todos tienen una historia que contar. Cuando tienes a gente hablando de sí misma y de sus propias experiencias, se sienten especiales en tu compañía. He escuchado muchas historias sobre personas que se encontraron con totales desconocidos, tuvieron una breve conversación y esos desconocidos se convirtieron en sus aliados, conexiones importantes y sus amigos más queridos.

Prueba con esto. Cuando te sientes junto a alguien en un avión, en un autobús o en un restaurante, vira hacia esa persona y dile: "¿Puedo hacerte una pregunta?", y luego le haces alguna pregunta abierta con la intención de revelar algo único sobre ella. Tal vez no te haga caso, pero quizá te siga la corriente y te diga algo único, especial o incluso inesperado. Y sólo tal vez salgas de ahí una gran historia que contar. Y tal vez, ella también... sobre un desconocido que le hizo las preguntas más interesantes.

Y si eres tú el que quiere evitar a un vecino de asiento, curioso en un avión y no quieres empatizar, dale una razón cualquiera, y pídele que te entienda. Sólo tienes que decirle: "Disculpa, me gustaría tener un momento de tranquilidad porque tengo muchas cosas en qué pensar. Espero que me entiendas". Luego, aunque no estés hablando con esa persona, es más probable que tu amable respuesta a su intención de iniciar una conversación, te deje un silencio positivo en lugar de un vecino hostil. Si después durante el vuelo, cambias de parecer, seguramente seguirá receptivo.

La tercera es la vencida. Las personas sólo necesitan dos o tres ejemplos en que demuestres interés por algo especial para ellas para decidir que tú eres especial.

Hacer preguntas para saber más sobre algo que alguien dijo es una manera sencilla de mostrar interés. Concordar con algo que dijo asintiendo con la cabeza, indica interés. Reconocer que algo que te dijo es importante, es una señal de interés. Y cada vez que entablas una conversación con alguien mostrando interés, estás construyendo su opinión sobre ti. Una vez que tu atención pone esa opinión en su cabeza, buscará evidencias para comprobarlo. Esto sólo toma dos o tres ocasiones. *Click.*

Cómo transmitir calidez humana

La gente que sabe cómo conectar con otros suele ser más cálida que fría. Nada puede salir mal siendo un poco más cálido que la gente alrededor (sin ser muy intensos). Si no eres lo suficientemente cálido, es muy probable que la gente te sienta distante, poco amigable e incluso arrogante. Si estás interactuando con alguien más indiferente, tu cordialidad seguirá siendo esencial para crear esa conexión y buscar esa sintonía para mantenerlo cómodo.

Existen diferentes maneras de transmitir calidez. Considera cómo:

Te mueves. La calidez se ve cuando tu cuerpo no está a la defensiva. Hay que mantener una postura abierta y relajada, ya sea un encuentro casual o formal. Al hablar con la gente, no hay que tomarlos de frente, por lo menos al principio, sino con un ligero ángulo. Una vez que se sienten cómodos contigo, cambia de postura, de manera que interactúes frente a frente.

Los invitas a tu espacio personal. Es mejor invitar a la gente a entrar a tu espacio en lugar de invadir el de ellos. Antes de entrar en una sala, haz un sondeo. Cuando hayas elegido a alguien, merodea lo suficiente para que se den cuenta que tú te has dado cuenta de ellos, luego sonríe y dales oportunidad de contestar la sonrisa. Una pequeña sonrisa con un desconocido crea calidez, mientras que una sonrisa exagerada puede intimidar a quien ya se siente distante.

Te sitúas. Cuando alguien empiece a hablar contigo, toma nota de cuánto espacio toma y responde en consecuencia. Considera su espacio y muévete sólo por la orilla, pero nunca lo invadas. Cuando hables con alguien, acércate, pero no demasiado. Lo suficiente para que si habla bajo lo escuches, y si habla muy fuerte no te agobie.

Los miras. No importa lo cerca o lo lejos que estés, deja que la gente vea calidez en tus ojos. Concéntrate en la persona con la que estás interactuando. Tu mirada no tiene que estarse desviando como si estuvieras buscando una mejor oportunidad. Esto no significa que le mires directamente a los ojos; para algunas personas esto puede ser intimidante. Como normalmente es el caso, guíate por la otra persona. Si sus ojos se desvían un poco, haz lo mismo. Si te mira fijamente, haz lo mismo.

Les hablas. Deja que se escuche la calidez de tu voz. Utiliza un tono cordial y amable en lo que dices. La mejor manera de sonar amable es siéndolo. La mejor manera de transmitir calidez con la voz es relajándose al hablar.

Una voz cálida es completa en lugar de ser débil. Y entra muy bien por los oídos porque suena relajada. Relaja los hombros en lugar de tenerlos tensos hacia atrás al intentar sacar el pecho. Esta actitud transmitirá que estás interesado en la persona con la que estás hablando y en lo que está diciendo. La manera en la que hablas (no sólo lo que dices) deberá indicar, sea cual sea el tema, que vale la pena escucharlo, saberlo y entenderlo.

Prestas atención. Mantén a la otra persona en el foco de tu atención. Para algunas personas eso significa mirarlas directo a los ojos cuando te están viendo, o para la gente que no le gusta el contacto visual, colocarlas en el centro de lo que escuchas. Voltéate para estar de frente, asiente con la cabeza y emite sonidos de aprobación cuando estén hablando para que puedan ver y escuchar que les estás prestando mucha atención. Cualquier persona que hable contigo debe sentir que en ese momento es la única en tu mundo. Es muy conocido que muchos políticos, incluyendo a Bill Clinton y Barack Obama, son buenos haciendo sentir a cualquiera la persona más importante de una sala, incluso entre una multitud.

Durante mi infancia en Cincinnati, había un programa de televisión llamado *El Show del Tío Al*. El anfitrión, Al Lewis, interpretaba al Tío Al y su mujer, Wanda, al Capitán Windy. Uno de los dos patrocinadores de su programa era una empresa llamada Stegner's. El Tío Al hablaba del chile con carne de Stegner's, y aunque yo no tenía ni idea de lo que era el chile con carne, se me hacía agua la boca. Tan sólo con la manera en la que pronunciaba las palabras, ya sabía que era algo que definitivamente quería. Envolvía su boca con las palabras, sonaba ansioso por tener fuera lo que fuera este producto, y eso lo hacía sonar delicioso. Era como si calentara las palabras en su boca antes de dejar escucharlas. Las palabras cálidas tienen mucho poder. Atraen la atención y entusiasman. Te hacen tener hambre de más.

Hay personas que nacen con clickabilidad. Pero si resulta que eres una de las que no, ésta se puede desarrollar tanto como desees. Para incrementar la forma de sintonizar con la gente, necesitas saber lo que es importante (y por qué); ser responsable de tus relaciones; tratar a cada persona de igual a igual; prestar atención y estar interesado en las vidas de los demás, y transmitir calidez.

Después sólo mira cómo crece tu red social.

CAPÍTULO 3

Un curso breve sobre cómo escuchar

Hay tres cosas que puedes saber sobre las personas, ¡incluso antes que comiencen a hablar!

1. Aman escucharse hablar.
2. Quieren ser escuchados y comprendidos.
3. Sienten una atracción natural hacia la gente que los escucha.

Cuando escuchas a los otros hablar, les das la oportunidad de hacer algo que aman. Cuando los ayudas a sentirse escuchados y comprendidos, te aprecian por haberlos escuchado. Y cuando escuchas con cuidado lo que dicen, anhelan estar cerca de ti. Así incrementarás tu influencia en sus vidas.

Ahora bien, quizá tú crees que eres un buen escucha y es posible que eso sea verdad. Pero ¿sabes cómo escuchar para hacer click?

Reconocer el click no es así de sencillo. Se trata de *escuchar* de verdad lo que la gente tiene que decir y atender con entusiasmo lo que realmente es importante. Y la clave está en obtener su confianza, hacerles saber que estás comprometido y que en verdad quieres comprenderles.

Escucha antes de hablar.

Antes de poder saber sobre qué hablar con alguien, tienes que escucharlo.

Escucha conectada

Escuchar es importante en todos los negocios; el mío no es la excepción. Siempre trato de mantener eso en mente, como cuando recibí la llamada de Stan, quien estaba pensando contratarme como *coach* financiero. Quería saber qué tenía yo que decir al respecto de mi negocio, cómo trabajaríamos juntos y qué podría él esperar.

"Ni siquiera se me ocurre qué preguntar sobre el *coaching*", admitió. "Quizá podrías ayudarme a entender qué es lo que tú haces".

Lo que realmente estaba preguntando era si nosotros haríamos click.

Ahora bien, a mí me gusta hablar sobre mí mismo y mi negocio tanto como a cualquiera, pero en vez de hablar, lo que hice en realidad fue escuchar. Por supuesto, abrí la boca para hacer algunas breves preguntas sobre en qué lugar sentía él que estaba en su carrera y en sus relaciones, qué quería lograr en su trabajo y en la vida, y qué pensaba sobre el "*coaching*" y claro, gruñí un montón de *uh-uh* y *ya veo* y *mmm-mmm*, pero sobre todo usé mis oídos y lo dejé que hablara. Me enteré de lo rápido que estaba creciendo su compañía y la meseta en la que se encontraba. Lo escuché hablar de su hija recién nacida y lo tierna que era. Me di cuenta de cómo describía la forma en que daba instrucciones a los pocos empleados que tenía, y lo escuché mientras describía su propio papel en la empresa.

Al final, le hablé sobre mí mismo durante uno o dos minutos. No tuve que decir gran cosa antes que Stan pidiera agendar nuestra primera sesión. Gracias a que escuché en vez de hablar e hice las preguntas adecuadas, llegué a conocer a Stan a tal grado que fue fácil hacer click.

Que se vea que comprendes, que se escuche que comprendes

¿Alguna vez has intentado decirle algo a alguien y esa persona se veía o sonaba confundida al tiempo que tú estabas hablando, o comenzó a negar con la cabeza? Es posible que hayas estado tan ocupado intentando determinar qué era lo que la persona estaba negando que no lograste terminar la oración. Para hacer click —para involucrarte a través de la escucha—, tu comportamiento tiene que hacer que la gente se abra a ti. Lo ideal es que las personas logren superar las ideas superficiales y que realmente lleguen al fondo del asunto.

Al estar hablando con alguien, esfuérzate en dar la apariencia de que estás entendiendo, aunque no sea así. Asiente con la cabeza mientras la gente habla, como si lo que están diciendo tuviera todo el sentido del mundo, aunque quizá no sea así. Que se escuche que entiendes. Pronuncia frases afirmativas de vez en cuando, como *sí*, *mmm*, *ya veo*, *oh*, *uh-uh*, o simplemente haz sonidos afirmativos, como si supieras exactamente lo que quiere decir. Aunque no sea así.

Ahora bien, quizá te preocupe la posibilidad de que estés induciendo a error al interlocutor o que tengas a continuación que actuar como si hubieras entendido algo que no te queda claro. Nada más lejano de la verdad. Simplemente le has dado a tu interlocutor un espacio de respeto en el que expresarse. Le has dado una oportunidad.

Recapitular: habla como si entendieras

Una vez que le has dado a tu interlocutor la oportunidad de expresarse —e incluso lo has animado a hacerlo— necesitas recapitular. Al repetir lo que la otra persona acaba de decir, puedes demostrar que ambos se encuentran en la misma página. Más importante aún, al hacer una recapitulación de la conversación conseguirás que a la otra persona le quede claro que la has escuchado y que valoras lo que te ha dicho.

La idea es repetir las palabras, frases e ideas clave. Si alguien se erige como orador y declara: "Sencillamente hay demasiada gente con demasiadas exigencias, y muy poco tiempo de atenderlas todas", no es necesario repetir toda la frase. Basta con asentir y decir, "Mmm... muy poco tiempo para atenderlas".

Si no estás acostumbrado a este tipo de escucha conectada —en la que hay que verse, escucharse y hablar como si entendieras todo lo que se dice—, al principio puede parecerte un poco extraño. Pero mantente firme, te sorprenderá lo rápido que te acostumbras a ello. Recapitular es en realidad una forma más fácil y efectiva de escuchar y entender a alguien que tratar de adivinar o, peor aún, malinterpretar y reaccionar a lo que se dice.

Hacer las preguntas correctas

Cuando la persona con quien estás intentando hacer click ha terminado de expresar su idea, llega el momento de hacer preguntas. Tu intención será aclarar cualquier cosa que no entiendas. Haz una pregunta a la vez, y asegúrate de hacer una pausa suficiente para escuchar con cuidado la respuesta. Repite tanto como sea necesario hasta que hayas aclarado todo y llenado cualquier laguna.

La mayor parte de las personas no hace muchas preguntas, y cuando hace preguntas, por lo general no son las correctas. Puede que nos dé miedo parecer estúpidos. O quizá creemos que hacer preguntas nos hace parecer débiles. O quizá simplemente creemos que se da por sentado que tenemos todas las respuestas. Como los humanos podemos pensar mucho más rápido (500 palabras por minuto) de lo que hablamos (unas 130 palabras por minuto), es bastante fácil que nuestras mentes divaguen hacia lo que queremos decir cuando lo que deberíamos hacer es estar escuchando.

Los buenos escuchas entienden los límites de su conocimiento. No temen explorar lo desconocido para construir conexiones. La clave está en la curiosidad. Entre menos pienses que sabes, más aprenderás. Y entre más valor asignes a lo que puedes aprender escuchando, menos te distraerás con tus propios pensamientos.

La pregunta estúpida vs. la pregunta tonta

Quizá hayas oído decir que no hay preguntas estúpidas. Ésta es una excelente guía a la hora de lidiar con el resto de las personas. Cuando alguien te hace una pregunta, sin importar lo trillada, simplista o cuán alejada del objetivo de la conversación parezca, responderla puede ser la oportunidad para hacer click.

Sin embargo, con las preguntas que *tú* hagas sí existe la posibilidad de hacer preguntas *tontas*. Las preguntas tontas son las que no toman en cuenta las cosas que la gente dice en la conversación. Las preguntas tontas asumen demasiado y preguntan poco. Si alguien te dice: "Odio la escucha activa", una pregunta tonta sería: "¿Por qué no le das una oportunidad?".

> Las preguntas —las preguntas correctas— son poderosas herramientas para conseguir el click.

Al hacer preguntas, éstas deben cumplir con un propósito inteligente. Puedes utilizarlas para que la gente se sienta atraída hacia ti, así como para establecer la dirección y las expectativas de cualquier interacción. Las preguntas demuestran empatía; ponen al descubierto cualquier obstáculo; invitan a la reflexión; revelan los motivos y las intenciones, y llegan a los significados más profundos.

Lo que es más, puedes usar tus preguntas para informarte no sólo tú, sino también a la persona con la que estás hablando. Así que elígelas con cuidado.

¿Quién? ¿Qué? ¿Dónde? ¿Cuándo? ¿Cómo?

Comienza haciendo preguntas abiertas que inicien con las cinco básicas: quién, qué, dónde, cuándo y cómo. Lo maravilloso de estas palabras es que es imposible responderlas con un simple sí/no.

Usemos mi ejemplo negativo preferido: la escucha activa. Si me preguntas: "¿Qué es lo que odias sobre la escucha activa?", yo te diría: "Parece que fuera necesario que la persona tenga alucinaciones libres sobre lo que la otra persona quiere decir". Si me preguntas: "¿Qué quieres decir con alucinaciones libres?", probablemente te contestaría que llegar a conclusiones y adivinar lo que la gente está pensando es distinto a descubrir la verdad. Si luego me preguntas: "¿Cuándo lo odias?", podría decirte: "No siempre. A veces es divertido, cuando lo hacen los amigos. Pero siempre que alguien está intentando conocerme, odio que comiencen a llegar a conclusiones y a proyectar sus ideas sobre mí, en vez de preguntarme lo que pienso y escuchar lo que realmente significan para mí las cosas".

Puede que te hayas dado cuenta de que no he incluido la pregunta *por qué* en la lista anterior. *Por qué* también es una pregunta abierta, pero recomiendo que no la uses hasta que sepas *quién, qué, dónde, cuándo y cómo*. La mayor parte de la gente no sabe de qué está hablando; sólo dicen lo que está en la superficie de sus pensamientos. La única manera en que pueden responder a *por qué* es inventar algo. ¡Y eso te sacará del camino de la comunicación! Si primero logras que alguien se concentre en una sola idea al involucrarlo a través de las cinco preguntas básicas, esta persona estará lista para contestar de forma abierta y honesta cuando le preguntes *por qué*.

Pregunta por la pertinencia

Hay un par de preguntas más que puedes hacer. Cuando alguien te dé dos o más ideas que no parezcan tener relación entre sí, puedes preguntar cuál es su pertinencia.

> La pregunta de pertinencia: "¿Qué tiene que ver esta idea con esta otra?".

Ésta es una pregunta perfecta cuando estás hablando con alguien que suena confundido, y la respuesta perfecta para cualquier *non sequitur*. Preguntar por la pertinencia o la relación entre dos ideas te evita tener que encontrar el sentido de un sinsentido. En vez de ello, tu interlocutor tiene que aclarar lo que está intentando decir. En otras palabras, no te toca a ti adivinar qué es lo que la otra persona quiere decir. Pregúntales, y deja que ellos lo averigüen.

Introduce información en forma de pregunta

A veces la mejor manera de decirle algo a alguien es preguntarle qué es lo que piensa. Es probable que esté más dispuesto a considerar lo que tú tengas que decir de esta manera, que si simplemente dices lo que piensas.

Esto resulta especialmente útil al tratar con alguien que ha expresado una opinión sobre cierta limitante. Por ejemplo, tu gerente le dice a todos los de la oficina que acaba de recibir un memorándum del corporativo en que se informa que deben eliminarse todos los gastos innecesarios.

"Esto quiere decir que este año no habrá fiesta para los empleados. Desafortunadamente, esto no está abierto a discusión. Lo siento", les dice a todos.

Parece una conclusión firme, pero ese "lo siento" al final implica que podrías granjearte algo de simpatía y eso te da una oportunidad, *si* tienes una idea mejor.

En esta situación hay dos caminos que podrías tomar.

1. Armonízate con la intención positiva del gerente. Dile: "Sé cuánto te importan los ánimos de la gente que trabaja en la oficina, y desde los últimos recortes en el presupuesto han estado especialmente bajos".
2. Armonízate hacia su expresión de simpatía. Dile: "Es una pena lo de la fiesta de la oficina, a los empleados realmente les gusta, y ha sido muy bueno para subir los ánimos".

Una vez que tengas su atención, pregúntale qué piensa, a la vez que introduces tu idea: "¿Y qué tal si pagamos la fiesta sin involucrar al corporativo? ¿Qué te parecería eso?".

Si ves que muestra aunque sea un poco de interés, o al menos una mirada confundida, continúa.

"Ha habido muchas quejas últimamente sobre los ajustes al presupuesto, y esto afecta negativamente el ánimo. ¿Qué te parece si lo aprovechamos? ¿Qué te parece si usamos la técnica de la alcancía, es decir, ponemos un bote como alcancía en algún rincón y cuando alguien se queje, esa persona tiene que poner una moneda en la alcancía? ¿Y qué te parece si les decimos a todos los empleados que es responsabilidad compartida vigilar que todos cumplan con la regla y, al final del trimestre, podemos usar lo que haya en la alcancía para la fiesta?".

Aunque estás haciendo preguntas, lo que has hecho es presentar una idea, explicar tus razones e incluso hacer una descripción de cómo funciona tu propuesta. Lo único que el gerente tiene que hacer es considerarla y darte una respuesta. Si la información es buena, o la idea es factible, es posible que consigas una respuesta positiva. Pero al menos lograrás que considere lo que le dijiste.

Pregunta por la intención

A veces, cuando la gente habla, da demasiada información. En vez de intentar descifrar qué es lo que acabas de oír, puedes simplemente pedirle a la persona que te aclare sus intenciones. Por ejemplo, yo te dije que odio la escucha activa. Tú haces bien tu trabajo de averiguar qué es lo que odio de la escucha activa y el resto de la información, pero sigues sin entender claramente qué es lo que significa para mí. Antes que la situación se vuelva más complicada, podrías preguntarme: "¿Cuál es tu intención al decirme esto?".

Yo me bajo de mi tribuna improvisada y te contesto sencillamente: "Protegerte de un hábito de escucha común y contraproducente, que interfiere con la formación de conexiones de calidad".

Ahora ambos nos encontramos en la misma página.

Pregunta aunque sepas la respuesta

Cuídate de creer que entiendes cualquier cosa a la primera. Si crees que sabes algo, dejarás de tratar de averiguar más. Incluso si entiendes más de lo que te han dicho, de cualquier manera haz preguntas. Si aceptas sin cuestionar lo primero que escuches, estás dejando pasar una oportunidad importante no sólo de expandir tu conocimiento, sino de lograr que la otra persona se sienta comprendida. Pierdes una oportunidad de hacer click.

Dime más

Cuando te encuentres en una situación en que no sepas qué preguntar —o que no encuentres las palabras para expresarte— simplemente di: "Dime más". Esto es, después de todo, lo que realmente quieres. Esto funciona especialmente bien con una persona que habla mucho. Podría parecer que va contra el sentido común, pero lo cierto es que cuando le pides a alguien: "Dime más", irónicamente obtendrás una declaración más concisa que contenga la misma información.

Escucha los sentimientos, no sólo las palabras

Si la comunicación fuera un asunto estrictamente lógico, lo único que importaría serían los datos duros. Pero la comunicación es más que simple lógica. La gente quiere ser escuchada y comprendida a nivel emocional. Si haces suficientes preguntas, lo que escuches tendrá al menos algún sentido, pero todo el tiempo habrá un mensaje emocional detrás de las palabras, un mensaje que se deja escuchar en el tono de voz.

> La gente quiere ser escuchada y comprendida no sólo a nivel lógico, sino también a nivel emocional.

Cuando un gerente le dice a un empleado: "Dijiste que sabías cómo hacer esto", están los datos expresados en la frase, y está el sentimiento detrás de ellos. El hecho es que el gerente cree que el empleado hizo la afirmación: "Sé cómo hacer esto". Sin embargo, la emoción detrás de su declaración puede conllevar varios mensajes que pueden ir desde: "Me mentiste" y "Estoy muy impresionado". Aprender a escuchar tanto las palabras como los sentimientos es una herramienta muy valiosa. Cuando las palabras no se ajustan a los sentimientos, hacer preguntas sobre ellos puede añadir significado a las palabras. Esto puede revelar información sorprendentemente poderosa que conducirá a un click mucho más profundo.

Lugar y tiempo para la escucha conectada

La escucha conectada es una clave muy confiable a la hora de obtener y profundizar el click. Entre más escuches, más sabrás, y entre más sepas, más lograrás que la otra persona se sienta escuchada y comprendida. Pero no todas las ocasiones son apropiadas para este tipo de escucha, y tampoco es necesario aplicarla todo el tiempo. Hay algunas ocasiones en que es mejor aplicar la escucha conectada:

• Cuando alguien está molesto

Cuando las emociones están alteradas, por lo regular está hablando el estrés. La gente que se encuentra en estados emocionales intensos está tan imbuida en sí misma que no hay una manera directa de conectar con ellos.

Ayudarlos a tranquilizarse presenta una gran oportunidad de hacer click, si lo haces de la manera adecuada.

Ayúdalos a reconectar el cerebro con la boca. Al hablar con alguien muy emocional, es importante verte y sonar como si su lenguaje tuviera todo el sentido del mundo, aunque no tenga ninguno. Una vez que la persona logre sacar lo que sea que le está causando la emoción negativa, ya no dejará que sea la emoción la que hable, en vez de ello, podrá hablar sobre dichas emociones. Sin embargo, lo más importante es que se sentirá comprendida.

• Cuando sospeches que alguien tiene segundas intenciones

Cuando tengas la sospecha de que alguien no te está diciendo algo, o que está reteniendo información importante, la escucha conectada puede ayudarte a descubrirlo, revelarlo y lidiar con ello.

Una señal de que probablemente no hayas escuchado todo es el uso de las expresiones mínimas de duda, que yo llamo evasivas: *quizá, prácticamente, casi con seguridad, bastante seguro*, y por el estilo. Cuando oigas una de éstas, tienes que hacer más preguntas, pero con amabilidad.

La otra persona dice: "Y esto prácticamente cubre el tema. Creo que has escuchado casi todo lo que necesitas para proceder".

Entonces tú dirás: "De acuerdo, tengo casi todo lo que necesito para proceder. Cuando dices *casi todo*, ¿qué es lo que me falta?".

Es probable que obtengas una respuesta directa, porque no se esperaba tu pregunta y porque no diste ninguna señal de ataque, así que la otra persona no está a la defensiva. Antes de que lo esperes, tendrás la información faltante.

• Cuando alguien no sabe qué quiere decir

En cualquier momento que te encuentres hablando con alguien que no sabe qué quiere decir, puedes utilizar la escucha conectada para señalar la información que falta sin poner a la otra persona a la defensiva.

La otra persona dice: "Este proyecto involucrará numerosas operaciones y procedimientos a cargo de diversos grupos, para así lograr un resultado adecuado". Tú puedes responder: "El proyecto involucrará numerosas operaciones. ¿Qué operaciones estarán involucradas?", o bien: "Mmm... Diversos grupos. ¿Qué grupos?". Al pedir la información faltante, estás poniendo al interlocutor en una posición en la que tiene que llenar las lagunas o llegar a la conclusión de que no sabe. En ese momento, ambos tendrán la misma información y pueden proceder a partir de ese punto.

• A la hora de lidiar con las críticas

Cuando alguien se la toma contra ti, y encuentra defectos en todo lo que haces o constantemente te denigra de alguna forma, es natural querer defenderte. El problema es que ponerte a la defensiva hace que parezcas más culpable de lo que se te acusa, que si no hubieras dicho nada. Cuando te defiendes contra las críticas, parece que "protestas demasiado", para parafrasear a Hamlet.

Recuerdo que en una ocasión vi suceder precisamente eso en un *reality show* en televisión: uno de los concursantes acusó a otra de ser controladora, dominante e incapaz de aceptar las críticas.

La acusada comenzó de inmediato a defenderse, interrumpiendo a la otra persona y repitiendo una y otra vez: "No soy dominante. Sí puedo aceptar las críticas".

Los otros concursantes compartieron miradas cómplices. Su comportamiento parecía demostrar la validez de la crítica. Hacer preguntas inteligentes le habría servido más, al modificar la dinámica de la interacción hacia una dirección más constructiva. Preguntas como: "¿Dominante y controladora en qué sentido?" o: "¿Qué crítica quisieras que aceptara?".

¿Cómo debes lidiar con la crítica? Cambia la dinámica: de lidiar con la crítica a comprender a la persona que la ofrece. Podrías aprender algo sobre ti mismo, o al menos sobre cómo interactuar con esta persona.

• Cuando quieres persuadir

La persuasión efectiva comienza con el entendimiento. No se trata de que tú hables todo el tiempo para lograr que comprendan tu punto; la persuasión tiene más que ver con escuchar. Consideremos la situación de Martín. Tras una muy reciente promoción, Martín estaba siendo muy cuidadoso con todo lo que hacía para no dejar ningún cabo suelto. Durante la fase de preparación para una presentación próxima, se dio cuenta de que su equipo había pasado por alto un objetivo clave para su cliente, *Paws and Rewind Pet Grooming*. Cuando le mencionó la discrepancia a Cynthia, la gerente del proyecto, ella lo volteó a ver como si hubiera perdido la cabeza.

"La reunión es en tres días, Martín", le recordó. "No tenemos tiempo de reinventar la rueda. Lo importante ahora es asegurarnos de que esta presentación esté lista a tiempo."

Evidentemente, esta estrategia no iba a funcionar. No queriendo poner a Cynthia a la defensiva, Martín cambio su táctica. En vez de simplemente insistir en su idea, trató de comprender el enfoque de Cynthia.

"Quizá no estoy viendo algo", continuó. "Por favor ayúdame a entender cómo logrará esta presentación cumplir con todas las especificaciones del cliente."

Cynthia suspiró: "Martín, te lo he dicho una y mil veces, en este momento lo que tenemos que asegurar es que esté terminada a tiempo. Si no la terminamos, no lograremos firmar el contrato". Desde su punto de vista, toda la relación con el cliente dependía de cumplir con la fecha límite de entrega.

Martín escuchó su preocupación. Sabía que Cynthia no podría realmente escucharlo si lo que él decía parecía sugerir cualquier cosa que disminuyera el progreso del proyecto, de manera que no estuviera terminado a tiempo. Queriendo dejar bien claro que había escuchado y comprendido su preocupación, dijo: "Sé lo importante que es para ti la relación con este cliente, y te prometo que estaremos listos a tiempo sin importar lo que pase. Pero estoy seguro de que ni a ti ni a ellos les interesa echar a perder esta relación. ¿Podemos revisar la manera en que trataremos esta preocupación? ¿Qué pasaría si hacemos esto...?"

Entonces, y sólo entonces, Martín presentó sus ideas para mejorar la presentación. Tras haber escuchado la afirmación de que sus mayores preocupaciones estaban siendo atendidas, Cynthia pudo escuchar a su vez las preocupaciones de Martín. Entonces pudo responder, tras haberlas evaluado, y las incluyó en la presentación antes del gran día.

La escucha conectada te permite escuchar lo que hace que la gente sea quien es. Puede proporcionarte datos e información que puede guiar tus acciones. Puede poner al descubierto dificultades antes de que éstas se conviertan en problemas completos e incluso, en ocasiones, resolverlas sin mayor esfuerzo. Escuchar bien es lo que te prepara para hablar bien, aunque también es posible que te des cuenta de que no necesitas decir nada.

Siempre que la gente habla, lo que más desea es ser escuchada y comprendida. Proporcionarles esa experiencia es lo que realmente crea el click.

Capítulo 4

Click con estilo

Para construir conexiones con la gente, es necesario que comprendas cuatro estilos básicos de comunicación: acción, precisión, aprobación y apreciación. Cada uno de estos estilos refleja la necesidad de la otra persona que tú quieres llenar y a qué es más probable que dicha persona responda. Si estás hablando con alguien que busca la precisión por encima de todo, errarás el blanco si, por ejemplo, te enfocas en halagarla. Pero si le das detalles, montones de detalles cuidadosamente seleccionados, harás click de inmediato. Por otra parte, para una persona que anhela acción, entre más prolongada sea una comunicación, ésta resultará menos satisfactoria y probablemente más irritante. Si en cambio vas directo al punto e imitas su actitud dinámica, harás click.

Identificando a un individuo de acción

Una persona cuyo estilo de comunicación está basado en la acción es muy directa en su lenguaje y se concentra en los objetivos. Hablará sobre *hacer* cosas o lograr que las cosas se *hagan*. Hablará sobre objetivos o resultados, y lo hará de forma rápida. El movimiento y el ímpetu son sus mayores prioridades, y en lo que diga habrá una dirección clara, sea hacia un resultado que se desea o alejada de un resultado que se teme. Es posible que hable de una forma demandante y autoritaria, que hable rápidamente y que mantenga la conversación fluyendo a un buen ritmo. No habla de minucias. Su voz probablemente sea más alta que lo normal. Desea que sus interacciones conduzcan a acciones.

La comunicación basada en acción suena de la siguiente manera:
"*Haz que suceda*".
"*Termínalo*".

"Deja de darle vueltas al asunto".

"Cumple con lo prometido".

Al expresar una opinión en este estilo, suena como un hecho, como algo ya aceptado. *"Hay tres maneras de hacer esto"*. Es poco probable que escuches un cumplido, y es difícil usar este estilo para hacer redes, porque construir redes es un asunto de conexiones personales, y este estilo se basa en resultados impersonales: frases breves y señales de impaciencia como interrupciones o tamborileos en la mesa, señales que indican que se habla demasiado y no hay suficiente evidencia de que haya acciones que acompañen la conversación. Lo que escucharás es un discurso rápido y palabras que intentan dejar atrás la conversación cuanto antes, como *okay*, *está bien* y *más tarde te regreso la llamada*.

La comunicación basada en acción se ve de la siguiente manera:
Los individuos motivados por la necesidad de actuar se esfuerzan en hacer contacto visual o irrumpir en los espacios personales de los demás. Con frecuencia se mueven en línea recta, como si trataran de llegar a donde van con el menor número de pasos posible.

La comunicación basada en acción se lee de la siguiente manera en los correos electrónicos:
Los mensajes son extremadamente breves y pueden consistir en fragmentos de frases. Habrá una muy notoria falta de identificadores personales, por ejemplo: "Película vista. Incomprensible." "Va el reporte. Responder cuanto antes."

El click de acción

Cuando una persona es directa y va al grano, tus respuestas deberán también ser directas e ir al grano. Habla de manera asertiva. Sé conciso. Haz que haya direccionalidad en tus palabras —dirección hacia una decisión, conclusión, opinión o acción.

Frases útiles para el click de acción

"Quiero hablarte sobre…" (haz un brevísimo resumen de lo que quieres decir de inmediato).

"Voy a lo siguiente…"

"Considera esto…"

"Puedes…"

"Déjame ir directo al grano..."
"Pasando a otra cosa..."
"¿Qué es lo fundamental? Es esto..."
¿Quieres hacer click? Trabaja rápido. Entre más rápido se muevan las cosas, mejor responderá esta persona en las interacciones contigo.

Identificando a un individuo de precisión

Una persona que usa un estilo de comunicación basado en la precisión también se concentra en los objetivos, pero pondrá mucha más atención al proceso y los detalles. Verbalmente es indirecto. Habla lentamente y de manera parca, ofrece muchos detalles y se toma su tiempo para llegar al punto de interés, si es que alguna vez llega. Puede que haga muchas preguntas para obtener más información y detalles, y pronuncia frases largas para establecer los hechos y fingir que piensa. Es posible que escuches una explicación larga y compleja sobre algo que ya se hizo. Esta persona habla sobre pasos y procedimientos. Es deliberado. Quiere evitar cometer errores. Necesita más tiempo para dedicarse a un tema que la gente que usa otros estilos. Su tono puede ser plano y sistemático. Si la comunicación avanza demasiado rápido, o es demasiado general, es posible que le cueste trabajo mantener el interés, así que será importante ser metódico y meticuloso en las conversaciones.

La comunicación basada en la precisión suena de la siguiente manera:
"Después de considerar las muchas variables..."
"Hay muchos factores a considerar..."
"Antes de proceder, un análisis cuidadoso podría revelar..."
No te sorprendas si escuchas una lista numerada de elementos, como si fuera una lista del súper. Al expresar una opinión, ésta sonará más como si se tratara de un análisis, y es probable que no llegue a ninguna conclusión, sino que al final dé una lista de opciones. En caso de que exprese algún tipo de preocupación, ésta hará referencia a información faltante, a un eslabón faltante en la cadena de eventos, o a una conclusión errónea basada en información no adecuada. Un individuo de precisión describe cada paso y detalle desde el principio hasta el final. Es posible que parezca que no te escucha, porque seguirá hablando cuando tú le digas algo, como si no hubieras dicho nada.

La comunicación basada en la precisión se ve de la siguiente manera:
La gente que tiende a un estilo de comunicación basado en la precisión con frecuencia rompe el contacto visual o mira a lo lejos mientras habla, como si quisiera poner más atención a sus propios procesos mentales, en vez de distraerse escuchando tus respuestas.

La comunicación basada en la precisión se lee de la siguiente manera en los correos electrónicos:
El contenido con frecuencia será de varios párrafos, las frases serán largas y dirán poco al tiempo que dicen mucho. El mensaje puede estar lleno de estadísticas y referencias factuales.

El click de precisión

Tienes que lograr que esta persona se dé cuenta de que estás poniendo atención a los detalles y que los consideras importantes. Repite varios de los detalles que te proporcione, y ofrece los detalles que tú desees que se consideren. Sé un poco indirecto, pero asegúrate de ir paso a paso en cualquier cosa que digas. Con alguien que usa este tipo de comunicación, ser impersonal en realidad redundará en un click más fuerte. No metas para nada tus sentimientos en la conversación y aplaza las conclusiones, deja que te escuche pensar en voz alta. Es lo que los maestros de matemáticas a veces llaman *mostrar el trabajo*. Deja que el interlocutor escuche el proceso por el cual llegas a las conclusiones antes de decirle cuál es la conclusión.

Frases útiles para el click de precisión:
"Algo que vale la pena discutir es..."
"Es razonable explorar las distintas maneras en que..."
"Al desglosar este asunto en las partes que lo componen..."
"Hay que tomar muchas razones en consideración..."
La mejor manera de hacer click con esta persona es tomarte tu tiempo y ser específico. Si hay alguna constricción de tiempo, no te apresures demasiado o no podrán seguirte el paso. Más bien, apresura las cosas al ir un poco más lento.

Identificando a un individuo de aprobación

Una persona que usa un estilo de comunicación basado en aprobación también será verbalmente indirecta, pero su enfoque estará en la gente, en vez de los asuntos a resolver. Habla más sobre *ser* que sobre *hacer*, y podrá relacionar cualquier tema con sus sentimientos hacia ti o los demás. Su principal preocupación son los demás y cómo se sienten, en vez de sus propias ideas, sentimientos y opiniones. Al hablar, será lo más indirecta posible, de manera que evite cualquier fuente de conflicto potencial. Expresa su preocupación por las opiniones y los sentimientos de los demás, y con frecuencia hace preguntas para asegurarse de que no ha ofendido a nadie. Puede ser atenta, amigable, considerada, sensible a las necesidades y respetuosa del tiempo de los demás, porque lo que quiere es llevarse bien con ellos. Es mesurada y considerada. Habla lentamente, en tonos tranquilos y suaves. Su tono de voz puede ser vacilante o respetuoso. Puede sonar dubitativo a la hora de hacer preguntas o hacer declaraciones que suenen como preguntas, como si estuviera pidiendo tu opinión sobre ellas. Tiende a poner calificativos a lo que dice, para asegurarse de que sea apropiado decirlo. Si la forma de hablar de los demás suena demasiado abrupta o muy demandante, es difícil que esta persona conecte con ellos. Hace click con personas que hablan con cuidado y consideración, mostrándose alentadora y deferente.

La comunicación basada en la aprobación suena de la siguiente manera:

> *"¿Te parece un buen momento para hablar de esto?"*
> *"¿Hay algo que quieras decirme?"*
> *"¿Qué piensas?"*
> *"Siento que estás haciendo un excelente trabajo."*

Si la persona no tiene nada agradable que decir, es probable que no diga nada. Y si dice algo, espera escuchar un comentario cargado de amortiguadores y suavizantes, como *"Probablemente no sabías..."*, *"No es nada grave, pero..."* y *"No quisiera ofenderte, pero estaba esperando que..."*. La comunicación que busca aprobación también intenta evitar conflictos siempre que sea posible y minimizar malentendidos cuando se habla de forma indirecta. *"No quiero discutir pero..."* o *"Por favor, no lo tomes a mal, pero..."*.

Espera escuchar repetidas muestras de agradecimiento cada vez que ofrezcas tu ayuda. *"Gracias"* y *"Eso es perfecto, me siento aliviado"*. Espera una comunicación amable, y ser tratado como si fueras importante. El comunicador que busca aprobación puede incluso ser muy crítico consigo mismo.

La comunicación basada en la aprobación se ve de la siguiente manera:
Puede que siempre tenga una sonrisa en el rostro, aunque la ocasión no lo amerite, que ofrezca un contacto físico, o un apretón de manos muy tenue, como si quisiera determinar si éste será aceptado antes de ofrecerlo.

La comunicación basada en la aprobación se lee de la siguiente manera en los correos electrónicos:
Puede que sus correos estén llenos de saludos y despedidas cordiales. Tal vez encuentres repetidas referencias a recuerdos positivos y preguntas sobre cuestiones personales en los mensajes. Puede que se interese en tus sentimientos y que proporcione explicaciones largas e indirectas para evitar la más mínima traza de conflicto.

El click de aprobación

La clave es ser considerado, y dejar que la persona escuche que tomas los pensamientos y sentimientos de otros en consideración. Sé amigable. Habla con paciencia y cuidado. Habla sobre la relación entre ustedes dos, más que enfocarte en ella directamente.

Frases útiles para el click de aprobación:
"Tú y yo..."
"¿Qué piensas que debamos hacer?"
"¿Cómo te sientes respecto a nuestras elecciones?"
"Esto es lo que significará para nosotros..."
"Todos estamos comprometidos..."
"¿Te importaría...?"
"¿Es un buen momento...?"
Construye una relación con alguien usando este estilo al enfocar la atención en la relación y en tus relaciones con otros dentro de la conversación.

Identificando a un individuo de apreciación

Una persona que usa un estilo de comunicación basado en la apreciación se enfoca en la gente más que en los objetivos, y en *ser* más que en *hacer*, pero es verbalmente directa. Está más al pendiente de —y habla más sobre — sí mismo. Habla con frecuencia sobre sus éxitos y sus hazañas con energía, entusiasmo y pasión. En la conversación, utiliza exclamaciones y anécdotas personales para expresar sus ideas. Se esfuerza por evocar sensaciones sobre lo que él considera importante y se complace en dar detalles. El individuo que busca la apreciación es parlanchín porque el asunto no es *algo* en particular, sino *alguien: él mismo*.

Si hay un punto central, te lo dirá de inmediato, y luego se pondrá a hablar con pasión. Responde mejor a la gente que habla con igual energía, aunque no esté de acuerdo con él. Necesita sentirse especial, y si una interacción no proporciona el reconocimiento a quien lo merece (o quien lo desea), puede desconectarse de la conversación, desestimar lo que se dice, enojarse o darse la vuelta e irse.

La comunicación basada en la apreciación suena de la siguiente manera:

"Siento que esto es lo que debemos hacer, y te diré por qué."

"Lo he meditado mucho, porque es algo que me importa."

"Me doy cuenta de que, si yo fuera a hacerlo, lo que haría es…"

"Esto es algo que me importa mucho, espero que me escuches, porque estoy seguro de que las cosas son así."

Incluso es posible que suba el tono de su voz para enfatizar sus sentimientos. También puede ocurrir el uso de hipérboles para inflar una idea o una opinión y así llamar la atención sobre ella. *"Yo siempre digo…"*, o bien, *"Todo el mundo sabe que…"*. La persona que se dirige a ti con frases así de fuertes, que te provoca con palabras desafiantes y que exige que te percates de con quién estás hablando, te está dando una señal de que necesita tu apreciación.

La comunicación basada en la apreciación se ve de la siguiente manera:

Espera ver gestos grandilocuentes. Este individuo es el tipo de persona que ocupa más espacio que los demás y no tiene reparos en invadir tu espacio personal. Sus expresiones faciales pueden parecer exageradas, las cejas muy levantadas y una sonrisa abierta y grande.

> **La comunicación basada en la apreciación se lee de la siguiente manera en los correos electrónicos:**
> En sus mensajes puede que te cuente una historia o una anécdota humorística para ilustrar su punto. En ocasiones te enviará chistes, imágenes graciosas y enlaces a videos divertidos, para demostrarte que piensa en ti y que quiere que aprecies sus esfuerzos.

El click de apreciación

¡Sé directo y entusiasta! Reconoce y aprecia a la persona con la que estás hablando. Usa tus palabras y actitud para crear un efecto de reflector. Hazle saber que es importante, y que a ti personalmente te importa, por la manera en que hablas. Deja que el sonido de tu voz se cargue de energía por la sola oportunidad de hablar con esa persona. Encuentra oportunidades de reconocer y apreciar lo que dice. Pide su opinión. Pide su consejo. Pide su ayuda. Pide que te comparta su perspicacia. Pide que te comparta sus experiencias. Todas estas invitaciones le dicen a la otra persona: "Yo te valoro".

> **Frases útiles para el click de apreciación:**
> *"Me di cuenta de cómo **tú**..."*
> *"Me encanta la forma en que **tú**..."*
> *"¿Cómo haces **tú**...?"*
> *"¿Puedes **tú** enseñarme cómo...?"*
> *"¿Qué piensas **tú**?"*
> *"Ayúdame con algo."*

Mezclar y empatar estilos

La mayor parte de los problemas de comunicación se reducen a que dos estilos no van juntos. Si la persona con la que estás interactuando se concentra en los objetivos y tú sigues tu estilo usual de enfocarte en el lado personal de las cosas, puede que esta persona te considere una distracción y no lograrás hacer una conexión. La peor forma de lograr que una persona cuyo estilo es la precisión se dé prisa es exigirle que actúe; la mejor forma de acelerar el paso es encontrarlo en su nivel, y luego avanzar un paso a la vez. Si a una persona le gusta entrar en detalles, mientras tú vas directo al grano, tendrás que hacer un esfuerzo consciente por moderarte cuando quieras conectar con ella.

> La mayor parte de los problemas de comunicación se reducen a que dos estilos no van juntos.

Cuando encuentras a alguien cuyo estilo de comunicación empata con el tuyo, el click puede llegar muy fácilmente. Sin embargo, los estilos iguales no siempre son la mejor forma de conectar. Si tanto tú como la otra persona usan una comunicación basada en la acción, por ejemplo, uno de ustedes se puede ver eclipsado por el otro. Si ambos van tirando hacia su propia visión de resultado, se darán de frente. Es mejor que reconozcas su deseo de acción y su visión, y luego plantees tu alternativa. Presenta tu alternativa como una manera de que la otra persona obtenga el resultado que desea. Puede que haya un par de rondas de negociación, pero te ganarás su respeto a final de cuentas.

Cuando dos personas usan un estilo basado en la aprobación, esto puede conducir a indecisión y aplazamientos. Es el dilema de *Marty*: "¿Qué quieres hacer?" "Yo no sé, ¿qué quieres hacer *tú*?". Pero si propones alguna dirección general puedes lograr que las cosas avancen y, al mismo tiempo, hacer click.

Es una buena idea tener al menos una pista del punto de inicio en cualquier situación. ¿Cuál es tu estilo? ¿Qué es lo más importante para ti a la hora de comunicarte? ¿Cómo puedes cambiar el énfasis de tu comportamiento de forma que te empates con el estilo de la otra persona sin abandonar el tuyo? Al identificar tus propios estilos favoritos arrojarás luz sobre lo que te dificulta hacer click con algunos más que con otros.

Las cosas cambian

La comunicación es un patrón de comportamiento, no un tipo de personalidad y, como tal, está sujeta a cambio. Entre más se conozcan dos personas, es más probable que surja otro tipo de comportamientos. El estilo de alguien puede cambiar dependiendo de la situación, de si se trata de un momento público o uno privado, si hay pocas personas o muchas, si hay presiones de tipo financiero, y si el motor que lo impulsa es el miedo o el deseo. Puede cambiar dependiendo de las prioridades, las cuales cambian de un momento a otro.

Así que no puedes asumir que ya has comprendido a alguien de una vez por todas. Sigue lanzando hacia donde sabes que está bateando, pero prepárate para un cambio en el juego por si éste llega. Para hacer esto, debes mantenerte atento, de manera que te des cuenta cuándo cambien las cosas. Es posible que te lleves bien con tu compañero de equipo cuando están ustedes dos solos. Pero cuando tu jefe entra a la sala, de pronto su estilo de acción directa da paso a la aprobación. Si quieres seguir trabajando a su lado sin problemas, también tendrás que ajustar tu estilo.

Tu propia flexibilidad es la clave para construir relaciones con los demás.

Practica, practica, practica

La mejor manera de aprender a reconocer los cuatro estilos de comunicación es practicar usándolos.

- Identifica a una persona específica con la que quieras hacer click y la situación específica en la que quieras lograrlo. Luego pregúntate: ¿En qué se enfocará tu atención?, ¿cuál es uno de los objetivos que tienes? o ¿qué otras personas están involucradas en la situación?
- Si tienes un objetivo en mente, ¿te preocupa más el proceso o el resultado? ¿A la otra persona le preocupa más el proceso o el resultado?
- Al hablar, ¿eres más rápido o más lento, más directo o más indirecto? ¿Cómo es el ritmo del habla de la otra persona?
- ¿Te preocupa más cómo se siente la otra persona o cómo te percibe? ¿Qué hay del otro?

Otro ejercicio útil es tratar de decir una cosa usando cada uno de los estilos. Comienza donde estás. Si sabes los detalles, ¿cuál es el punto clave? Si sabes el punto, ¿cuáles son los pasos del proceso? Si sabes cómo te sientes, comienza por tratar de averiguar los sentimientos de los demás. Si sabes cómo se sienten los demás, intenta decir cómo te sientes tú.

Decirlo de cuatro maneras

"Construir conexiones con la gente tiene muchos beneficios".

- Acción: "Construye conexiones, obtén beneficios".

- Precisión: "Los expertos han descubierto que construir conexiones con la gente es una forma válida de incrementar el tamaño de la red personal.

Es una forma efectiva de construir una red de protección y, por tanto, una idea digna de considerarse".

- Aprobación: "¿Qué piensas sobre construir conexiones con la gente? ¿Crees que te reporte beneficios? He oído que es bueno hacerlo. ¿Estás de acuerdo?".

- Apreciación: "Si yo fuera tú, comenzaría ya a construir conexiones con la gente. Es excelente, tanto para ti como para los demás, todo el mundo sale ganando. Créeme. Haz lo que te digo, algún día me lo agradecerás, porque los demás te lo agradecerán a ti".

Cuando puedas decir cualquier cosa de cuatro maneras distintas, te podrás llevar bien prácticamente con cualquiera en cualquier situación.

CAPÍTULO 5

Motivación para el click

Conectar y hacer click no tienen como objetivo motivar a nadie, la idea es encontrar qué es lo que motiva a la gente y cómo satisfacerla. En realidad, no es posible motivar a nadie. La gente nunca hace lo que uno quiere simplemente porque uno quiera que lo haga. Hacen lo que hacen porque *ellos* quieren hacerlo. Porque tienen alguna razón para ello, un *motivo* para hacerlo. O un motivo para no hacerlo. O ningún motivo, así que no hacen nada. Detrás de cada decisión, cada comportamiento, hay un motivo. Los motivos determinan la determinación e impulsan al impulso. Cuando aprendas a identificar lo que motiva a la gente y cómo acceder a dichos motivos, podrás crear todo esto y más.

Si entiendes los impulsos motivacionales del comportamiento humano, podrás obtener la habilidad de identificar e involucrarte en estos impulsos tanto en tu comportamiento como en tus relaciones. Si comprendes lo que te motiva podrás expresarte con mayor claridad y precisión. Si comprendes los motivos de alguien más, sabrás qué decir y cómo decirlo, siempre que quieras hacer click. Entonces estarás listo para enviar las señales de similitud motivacional, hablarle a una persona como alguien cercano y no como alguien extraño, llegar a un nivel más profundo de lo que son las personas y hacer una poderosa conexión. ¡Click!

Todo empieza haciéndose la pregunta "por qué".

Motivación: acercarse y alejarse

La motivación se trata de movimiento. A nuestro nivel más básico de existencia, lo que nos motiva son nuestros miedos y nuestros deseos. Aunque todos tenemos distintos tipos de motivadores, siempre trataremos de acercarnos a lo que deseamos y alejarnos de lo que tememos. Sea que deseemos algo lo suficiente como para hacer algo al respecto o que no queramos algo lo suficiente como para evitarlo.

Las señales de ambos tipos de motivos son muy reveladoras. Quienes se sienten motivados por el miedo se alejan de las amenazas, y quienes se sienten motivados por el deseo hacen lo necesario para obtener lo que quieren. La buena noticia es que tú puedes trabajar con ambas formas de motivos para lograr lo que deseas: hacer click.

Empatar motivos

Supongamos que tienes una idea para un proyecto para que tu oficina sea más eficiente. En fechas recientes el sistema de correo ha sido un desastre, y nadie sabe quién se encarga de entregar la correspondencia, quién la recibe en cada departamento y cuándo llega la mensajería a recoger los paquetes. Después de unas semanas de no recibir tus cuentas y perder algunos números del boletín, has ideado un plan infalible para que todo el mundo reciba la correspondencia de forma rápida y eficiente. Aunque te emociona tu plan, para implementarlo de forma exitosa es necesario que tus colegas se involucren, y a algunos de ellos apenas los conoces. Al presentarles tu idea, su respuesta es desangelada. Lo que falta no es tu motivo, es el de ellos.

> El motivo se reduce a la forma en que una persona responde a estas preguntas fundamentales: "¿Qué gano yo con esto?" y "¿Por qué debería importarme?".

Si tus colegas no comparten tu motivo para este proyecto, tienes que ayudarles a encontrarlo. El motivo se reduce a la forma en que una persona responde a estas preguntas fundamentales: "¿Qué gano yo con esto?" y "¿Por qué debería importarme?" Si quieres que tu proyecto prospere, les tendrás que ayudar a tus colegas a hacerse estas preguntas y encontrar buenas respuestas.

Claudia se enfrentó a un dilema muy similar. Tras haber trabajado durante algún tiempo para una empresa de *software*, se le ocurrió una idea para una nueva línea de productos. Antes de presentarla, desarrolló un panorama del proyecto y una propuesta. En el papel se veía muy bien, y su jefe le dijo que armara un equipo para llevarla a cabo. A la primera persona que eligió fue a Jan, que tenía muy buenas conexiones dentro de la industria y podría ser de gran ayuda al ejecutar ciertas partes del proyecto.

Sin embargo, cuando Claudia le presentó el proyecto a Jan, ella respondió de forma apática. Estuvo de acuerdo en involucrarse un poco en el proyecto, pero dejó claro que no le interesaba mucho la idea. Entre más emocionada se mostraba Claudia en el proyecto, más apática se mostraba Jan. Con el paso del tiempo, Claudia se encontró defendiendo su idea ante Jan, en vez de avanzar con ella, y sintiéndose cada vez más frustrada, decepciona-da y enojada.

Claudia se dio cuenta de que tendría que entender lo que motivaba a Jan si quería lograr que la ayudara. Escuchó cómo hablaba Jan sobre otros asuntos y otras ideas en la oficina y se dio cuenta de que Jan, sin importar el tema, hablaba mucho sobre lo que no quería, y en muy raras ocasiones so-bre lo que quería. Claudia también escuchó que Jan le dijo en una ocasión a otro empleado: "Eso no lo hago yo" y "Ése no es mi trabajo, en realidad". Pero no todo estaba perdido, porque en cierta ocasión la escuchó discutir acaloradamente con alguien que se metió en su área de especialización. Le dijo: "Hago esto porque soy buena haciéndolo, ¡así que quítate de en medio y déjame hacer mi trabajo!".

Se trataba de alguien con excelentes contactos y habilidades, que duda-ba de sí misma cuando se veía fuera de su zona de confort. Jan se resistía a las nuevas oportunidades por miedo al fracaso. Como resultado, se queda-ba en donde se sentía cómoda. Jan se estaba alejando del proyecto de Clau-dia por miedo a fracasar. Claudia decidió ayudarla a obtener lo que desea-ba —quedarse en su terreno de dominio y competencia— y evitar lo que la asustaba —quedar expuesta a críticas y juicios si el proyecto fracasaba. Claudia necesitaba evitar en lo posible que las probabilidades de fracaso re-cayeran en Jan, y asegurarle que trabajaría en el campo que le era familiar. Después de todo, eran los diseñadores, no el líder del equipo, quien tendría que dar pasos audaces y entrar en territorio virgen. Claudia también nece-sitaba mostrarle a Jan las desventajas de no unirse, para así apelar a su mo-tivación de "alejamiento".

Claudia se acercó a ella, tras haber ensayado en su mente lo que le diría. "Jan, este proyecto en que te he pedido que te involucres... creo que hay algo que no te he dejado claro. Éste es mi proyecto, y si algo no sale bien, yo soy quien pagará las consecuencias, y el gerente lo sabe. No te pediré que hagas nada que no hayas hecho antes en otros proyectos. Si tienes algún proble-ma con cualquier cosa, te pido por favor que me digas qué es precisamen-te lo que te preocupa y encontraré la manera de solucionarlo. Eres perfec-ta para esta posición, y conoces a la gente precisa que podrá lograr que este proyecto sea todo un éxito. Sería una verdadera pena que no te dieras cuen-ta de ello. Sólo te pido que hagas lo que mejor sabes hacer. Si no contribu-yes con tu conocimiento a este proyecto, creo que realmente sería una pena que te perdieras de esto".

¡Click!

Jan estuvo de acuerdo en unirse al proyecto mientras no se expusiera demasiado, y con la condición de que no se le asignara ningún trabajo en el que no fuera competente. No es que careciera de motivación, sino que Claudia no se había involucrado en sus motivos.

A veces, construir una conexión quiere decir descubrir lo que realmente quiere una persona de forma que sepa que tú entiendes, o que la ayudarás a conseguirlo. Y en ocasiones es un poco de ambos.

El miedo como motivación

El miedo atrae y mantiene el interés, al menos al principio. El truco más antiguo y despreciado en el libro de la persuasión es lograr que una persona se sienta amenazada y luego ofrecer una solución fácil para deshacerse de la amenaza. Es un truco casi con garantía de que funcionará a corto plazo para generar interés y engendrar la motivación. Pero quienes lo usan de esta manera deben quedar advertidos: deben tener mucho cuidado al usar el miedo como motivador. Aplica muy poco y no generarás ningún interés. Aplica demasiado y sobrecargarás los receptores del miedo, con el efecto paradójico de que se perderá el interés.

El miedo tiene un lugar importante en nuestras vidas como un poderoso motivador. Protegió a nuestros ancestros de los tigres dientes de sable, y actualmente puede ayudarte a cruzar una calle muy transitada con seguridad. Y también puede mantenerte a la expectativa del cumplimiento de una promesa cuando el resto de tu ser quiere salir volando. Te será de utilidad añadir un poco de miedo a tus emociones cuando te sientas motivado por el deseo. El deseo te impulsa hacia delante cuando tienes energía de sobra, y el miedo te mantendrá en movimiento cuando tu energía disminuya. Ésa es la mejor forma de usar el miedo... como un sazonador para tus obligaciones. Toma en cuenta lo que tienes que perder si no actúas, y puede que te lleve hacia la dirección indicada.

Por ejemplo, uno pensaría que cualquier persona aprenderá la lección que proporciona recibir una multa por exceso de velocidad: no excedas el límite de velocidad. Y por supuesto, las dos semanas siguientes a recibir una multa, generalmente los conductores se comportan mejor al manejar. Pero no toma mucho tiempo para que la motivación del miedo se desvanezca y que vuelva el antiguo comportamiento. Pronto, el conductor vuelve a las andadas. O aprende uno nuevo, como que es posible evitar las multas si se pone atención en los puentes y las rampas. Cuando el miedo se desvanece, el conductor retiene el motivo por el que manejó a exceso de velocidad en primer lugar.

> El deseo te impulsa hacia delante cuando tienes energía de sobra, y el miedo te mantendrá en movimiento cuando tu energía disminuya.

Aunque el miedo juega un importante papel en la motivación, no puede crear por sí mismo una motivación constante. Aun cuando las personas con las que tú estás intentando hacer click lo usen en sí mismas, te conviene mantener en mente la naturaleza de corto plazo de la motivación que proporciona el miedo, y encontrar un mayor deseo para mantener viva la motivación. Para hacer click con la gente a la que motiva el miedo, necesitas apelar a su miedo.

La regla para utilizar el miedo como motivador en nuestras propias vidas es que con un poco alcanza para mucho.

El deseo como motivador

El deseo es una fuerza poderosa y duradera. Puede encender un fuego en tu interior, o lograr que tomes un riesgo —incluso el de fracasar. Si sabes por qué te importa una cosa, puedes ir más lejos, más profundo o más alto que nunca antes.

Comienzas a identificar el deseo cuando puedes responder la pregunta: "¿Qué quieres?". Alguien motivado por el miedo responderá: "*No quiero* sentirme mal". Usa esto como una oportunidad para avanzar. Reconoce el miedo y pregunta: "Entonces, ¿qué *sí* quieres sentir?". La respuesta es algo con lo que puedes conectarte, algo que vale la pena, quizás algo hacia lo que juntos pueden trabajar.

A veces le toma a la gente algo de tiempo llegar a una respuesta útil a esta poderosa pregunta. Pueden responder con una frase comparativa, como: "Me quiero sentir mejor que ahora". Continúa hablando con ellos hasta obtener una respuesta positiva: el deseo es la meta hacia la que quieres trabajar.

Ponle nombre y hazla tuya.

Los seis tipos de motivación

La motivación impulsa el comportamiento y determina a lo que alguien pondrá atención y cómo interpretará cualquier atención que tú le pongas a esa persona. Nuestro interés aquí es considerar los motivos más sutiles que la simple supervivencia, que tienen importancia para los humanos modernos.

Hay toda una gama de preocupaciones que la otra persona pudiera tener, y que necesitas conocer y abordar si quieres hacer click.

Voy a desglosar la motivación en seis categorías reconocibles que te podrán ayudar a entenderte a ti mismo y a otros, motivaciones con las que puedes hacer click. Cada tipo tiene un aspecto de miedo y otro de deseo.

Valores
Recompensa
Desafío
Estima
Propósito
Sentimientos

Así como es compleja la vida, así de múltiples son nuestras motivaciones. No tenemos una sola motivación para todo lo que hacemos. Lo que nos motiva depende de dónde estamos, con quién estamos y qué hay detrás o delante de nosotros.

Si puedes entender la motivación primaria de una persona, la que es más importante que las demás en una situación determinada, podrás formular lo que quieras decir de una manera que apele a esta motivación primaria, lo que redundará en un click más significativo.

1. Valores
Es prácticamente imposible convencer a una persona cuya motivación primaria son sus valores de hacer algo que esta persona percibe como "equivocado", y casi imposible convencerla de que deje de hacer algo que cree que es lo correcto.

Para ponerlo en perspectiva, supongamos que vas manejando en la autopista una noche, ya muy tarde, y ves a alguien que parece estar herido y que te hace señas de que necesita que lo lleves. Tú sabes que está mal recoger gente en la autopista, en especial tan tarde en la noche. De la misma manera, te han inculcado un sentido de ayuda mutua y te das cuenta de que esta persona necesita ayuda. ¿Qué harás? Es una pregunta muy seria. Si te sigues de largo, el asunto puede seguir atormentándote mucho tiempo después del momento en que tu decisión deje de ser relevante. Si lo recoges, podrías ponerte en peligro.

Los valores son un elemento significativo en la manera en que se estructuran las culturas y las sociedades. Con frecuencia encontramos conflictos alrededor de valores en el centro mismo de los asuntos más decisivos que enfrentamos como sociedad. Así que los valores son puntos potenciales de conflicto en cualquier relación. Una de las cosas que debes averiguar sobre una persona tan pronto como puedas en la relación es su sistema de valores. También es una buena idea determinar los valores compartidos que subyacen a cualquier grupo al que te unas.

Cuando a la gente la motiva su sentido de bien y mal, tiende a dividir el mundo en términos de blanco y negro. La persona que desea hacer lo correcto levanta el pecho, endurece el abdomen y da un valiente paso hacia delante. A la persona que teme hacer algo equivocado puede faltarle el aire durante su debate interno, y luego encoger los hombros antes de descartar la pregunta o la oportunidad.

La ética no siempre es una elección entre bien y mal. A veces se trata de elegir entre dos cosas correctas y en ocasiones de elegir el menor de los males.

El mundo *no* es todo blanco y negro. La mayor parte de los problemas que involucran juicios de valor caen en la enorme área gris entre el imperio de la ley y el libre albedrío, conocida como ética. La ética no siempre es una elección entre bien y mal. A veces se trata de elegir entre dos cosas correctas y en ocasiones de elegir el menor de los males.

El click con alguien motivado por valores

Cuando la motivación de alguien es su sentido del bien y el mal, es posible escucharlo en la forma en que habla, ya que usará términos como *debería* y *debe*, o *no debe* y *no debería.* La gente motivada por valores tiende a hablar con gran convicción, como si algo importante dependiera de que lo que ellos apoyan es lo justo, razonable y equitativo.

Frases asociadas con valores:

- *"No es correcto"* y *"Es justo y necesario".*
- *"Tenemos la obligación de hacer esto".*
- *"Lo correcto es que hable contigo".*
- *"Me parece apropiado discutir esto primero".*

Si alguien habla con frecuencia sobre hacer lo correcto, puedes enmarcar tus interacciones con ella de manera apropiada. Saca a colación una situación en la que tú elegiste hacer lo correcto, aunque no fuera la decisión más popular. Al hacer una sugerencia o responder a algo que ella haya dicho, utiliza expresiones clave similares. Frases como: *"Realmente deberías considerar esto"*, o bien: *"Me parece justo que escuches lo que tengo que decir"* resonarán en la mente de la persona. A la persona que parece motivada por un fuerte sentido de prudencia y un deseo de evitar algo moralmente repugnante, la escucharás comentar sobre qué sería incorrecto o inapropiado. Amolda tu conversación de manera similar.

Habla sobre evitar cometer errores, sobre prevenir injusticias, sobre lo inequitativo que sería no considerar algo o llevar a cabo cierta acción. Al hablar con ella, apela a su sentido de prudencia con frases como: *"Sería una terrible injusticia si no nos reuniéramos"* y *"Parece que debemos discutir este asunto"*.

2. Recompensa

A algunas personas las mueve saber que hay algo que podrían ganar o perder. Ganar y perder son motivadores tan poderosos que industrias enteras se han forjado sobre la base de su cumplimiento. No hacen falta ganancias o pérdidas muy grandes para mover a la gente. Los programas de incentivos, por ejemplo, se aprovechan del deseo de ganar. Los concursos de premios, las ofertas y los bonos operan a través de la motivación de la recompensa. En ocasiones, una palabra amable o una sonrisa pueden ser recompensa suficiente, de la misma manera que la desaprobación de un entrenador o un mentor puede ser una pérdida que se desea evitar.

La motivación que se basa en el ansia de recompensa con frecuencia entra en juego con la promesa de un regalo o la idea de algo bueno en el futuro. Mira y observa, oye y escucha, porque si a alguien lo mueve la promesa de una recompensa, te lo dirá. Podrás verlo en su mirada ansiosa al considerar el futuro. Lo escucharás en el entusiasmo de su voz al hablar sobre el objeto de deseo. Con frecuencia estos individuos disfrutan de tomar riesgos o probar cosas nuevas.

Una persona motivada por el miedo a perder se alejará de la posibilidad tanto de hecho como de palabra, y negará con la cabeza tan sólo al pensar en la perspectiva. "No creo estar dispuesto a correr ese riesgo" o "Demasiado para mí". Esta motivación conduce a algunos a establecer condiciones imposibles antes de estar de acuerdo en buscar una recompensa, esperando que la imposibilidad de dichas condiciones garantice que no habrá pérdida.

Conozco a un hombre que quería invertir en bienes raíces. (Antes de que la burbuja inmobiliaria reventara.) Pero tenía un miedo atroz. Así que cada que hacía una oferta por una propiedad, ofrecía menos que lo recomendado por su corredor, con la esperanza de que alguien lo superara y así protegerse de cometer un error y perderlo todo. Resulta que cuando el mercado se cayó y tanta gente perdió tanto en bienes raíces, él obtuvo la recompensa de saber que su aproximación timorata había sido la correcta. Es probable que esa recompensa a su precaución motive que en el futuro sea aún más cuidadoso en otros asuntos.

El click con alguien motivado por recompensas

Los individuos a quienes les motiva un deseo de recompensa usan parte del lenguaje de las matemáticas. Las cosas *"suman"* o salen *"las cuentas justas."* Escucharás que hablan sobre cómo puede *"sumar un poco acá y restar allá,"* y *"jugar las cartas a mi favor."* Si escuchas el lenguaje de las recompensas, apela a él.

Si una persona habla con frecuencia sobre *ganar, obtener* u *obtener más,* podrás enmarcar de forma apropiada tus interacciones con esta persona. Habla sobre lo gratificante que es reunirte con ella, cómo trabajar o simplemente estar juntos es una verdadera *"ganancia",* y cómo actuar ahora asegurará que *"ambos salgan beneficiados".*

Algunas frases a considerar:

* *"Esta conversación nos beneficiará a ambos".*
* *"Tenemos mucho que ganar de esto".*

Si una persona demuestra este patrón motivacional al hablar con frecuencia sobre *perder* o *quedarse fuera, carecer* o *no recibir lo que corresponde,* responde de manera apropiada. Puedes moldear la conversación al incluirla y señalar el potencial de salir ganando.

Trata de usar frases como:

* *"Como no quiero que te quedes fuera, deberíamos entrar mientras hay abundancia."*
* *"No quería perderme la oportunidad de reunirme contigo."*

Al ofrecer una recompensa, procura que sea por buen comportamiento. Una recompensa por no hacer nada, por ejemplo, refuerza no hacer nada. Si recompensas un comportamiento negativo con mucha atención, seguramente lo verás de nuevo. Recompensar las quejas con una reacción puede que te reporte más quejas, pero si previenes las quejas al recompensar el comportamiento proactivo, podrás eliminar la necesidad de quejarse en primer lugar.

Algunas recompensas son externas, como la pequeña exclamación de placer que hace alguien cuando le das un regalo o haces algo que disfruta. Otras recompensas son intrínsecas, algo que a final de cuentas puede ser más gratificante y poderoso. Éste es el tipo de recompensas que sentimos por dentro, como una sensación de logro u orgullo tras terminar un proyecto.

3. Desafío (éxito, fracaso)

La motivación por desafío tiene que ver con la emoción de esforzarse y es la fuerza que impulsa los logros atléticos, académicos, la construcción y las empresas artísticas. Quienes buscan desafíos son personas a las que les gusta el riesgo y con frecuencia no se dan por vencidos con facilidad. Seguirán intentándolo hasta sentir la emoción de la victoria o la agonía del fracaso.

Algunas personas se lanzarán a un desafío en grupo que de manera individual no tomarían, contando con que la motivación de los demás será suficiente para acuciarlos en caso de que sea necesario. Y lo opuesto también es cierto. Hay quienes ni en sueños aceptarían un desafío si esto significara dejar su destino en manos de otros.

"Porque está ahí". Eso es lo que dijo el escalador inglés George Mallory cuando le preguntaron por qué quería escalar el Monte Everest. Antes de llegar a la cima desapareció, junto con su compañero Andrew Irvine. Tenía que estar consciente de que corría el riesgo de ser derrotado por las condiciones adversas antes de comenzar. Pero su motivación era tal que lo único que podía ver era la posibilidad de una escalada exitosa. Ésta es exactamente la forma en que una persona motivada por el desafío ve lo que tiene enfrente. "Ahí está, por lo tanto, debo hacerlo".

La gente a la que el desafío motiva de forma positiva tiene las cualidades de los campeones, de aquéllos que forjan con éxito el camino de la victoria final: pasión, visión, preparación, establecimiento de metas, planeación, entrenamiento físico y mental, perseverancia, valor e integridad.

El click con alguien motivado por desafíos

El idioma del desafío se basa en el éxito y el fracaso, victoria y derrota, vencer o sucumbir, y subir o caer. Si alguien quiere tener éxito y tú tienes algo que contribuya a este éxito, querrá escucharte al respecto. De la misma manera, si está más enfocado a evitar formar parte de un equipo perdedor, deberás ofrecerle una alternativa segura en caso de que las cosas salgan mal.

Enmarca tus interacciones en el lenguaje del éxito, igual que la otra persona. Habla sobre cómo compartes su espíritu emprendedor, cómo trabajar o estar juntos los llevará al éxito, y cómo actuar ahora asegurará la victoria. Algunas frases para tener en mente:

- *"Ésta es nuestra oportunidad de entrar de lleno en este desafío."*
- *"Saldremos airosos."*
- *"Esto es lo que podemos hacer."*

También puedes responder de forma adecuada a la gente que muestra este patrón motivacional al hablar sobre derrota, fracaso y qué no se debe hacer.

Ensaya estas frases:

* *"No podemos dejar pasar este momento."*
* *"No nos dejaremos derrotar."*
* *"Sólo puedes fracasar si no lo intentas."*
* *"Si no me hubiera presentado contigo, nunca me perdonaría por dejar pasar la oportunidad."*

¡Click!

4. Estima

La estima motiva el deseo de obtener reputación y fama. La gente a la que mueve esta motivación busca dejar su marca en el mundo para incrementar su propio sentido de valía. Es fácil notar a la gente motivada por la estima porque se comporta de formas diseñadas para llamar la atención hacia sí mismos e incrementar su posición a los ojos de los demás.

Mary Kay Ash, fundadora de Mary Kay Cosmetics, es famosa también por haber dicho que las personas sólo quieren dos cosas más de lo que quieren sexo y dinero: reconocimiento y alabanzas. Sin duda estaba describiendo su propia motivación, al tiempo que reconocía el poderoso papel que ésta juega en las vidas de otros. Para la persona motivada por la estima, el reconocimiento es como el oxígeno.

La gente con esta motivación puede asumir que ésta existe en todos los demás. Son generosos con el reconocimiento y con la apreciación, y creen que esto se reflejará de forma favorable en ellos. Y es una buena estrategia, porque las personas aprecian a quienes las aprecian a ellas, y otorgan reconocimiento a las que los consideran dignos de reconocimiento. Pero no toda la gente a quien impulsa esta motivación es tan generosa en el reconocimiento que otorga. Algunos son muy estrictos consigo mismos, y lo mismo con los demás. "Siempre puedes mejorar" y "Nadie es perfecto" son indicadores verbales de gente que podría estar lidiando con problemas de autoestima.

Cuando la motivación es la estima, no hay peor insulto que alguien se equivoque en el nombre o que no recuerde a alguien en absoluto. No es raro que estos individuos declaren a gritos: "¿Acaso no sabes quién soy?".

Esto sucedió una vez que estaba yo en el aeropuerto de Chicago. Nuestro vuelo había sido cancelado y la fila para volver a reservar asiento era larga. Alguien motivado por su sentido de importancia personal se metió en la fila hasta enfrente y exigió que la mujer que atendía el mostrador le prestara atención. Ella le pidió que esperara su turno.

Él prácticamente le gritó: "¿No sabes quién soy?".

Ella tomó esto como una indicación de tomar el micrófono y hacer el siguiente anuncio. "Hay un caballero en el mostrador que no sabe quién es. Si alguien más lo sabe, ¿podría por favor venir a recogerlo?".

Avergonzado y humillado, se retiró en silencio.

Aunque la empleada no hizo click con él (aunque definitivamente lo hizo con el resto de los que esperaban en la fila), logró apelar a su motivación de forma precisa, lo que desató la respuesta del miedo.

Cuando la gente con esta motivación no se siente respetada puede tratar a los demás con falta de respeto. Tienden a estar a la defensiva, discuten con cualquiera que parezca contradecirlos, y hacen muchos esfuerzos para evitar ser señalados con una crítica, despreciados o tener mala reputación. Si los domina la baja autoestima pueden mantener la cabeza baja y la boca cerrada, y sólo expresarán sus ideas si se les conmina a ello constantemente. El miedo conduce con frecuencia a cometer errores y a humillaciones, lo que produce vergüenza y dudas internas. Probablemente los escucharás faltándose al respeto ellos mismos por la manera en que descartan lo que dicen tan pronto como lo han dicho: "Probablemente ya habías pensado en esto" y "No es realmente importante".

El click con alguien motivado por la estima

Pon atención a los consejos de ser orgulloso, independiente, defender tus ideas o desarrollar tus talentos y habilidades únicos y ser todo lo que puedes ser. Encuentra la manera de dejar que la gente con esta motivación sea alguien ante tus ojos y los de los demás. Ponlos a cargo de algo (aunque sea algo pequeño) y dales el reconocimiento por haber tomado la responsabilidad. Pídeles que compartan su sabiduría contigo. Todos estos enfoques envían la señal de: "Tú eres alguien especial y valioso, y yo te reconozco por ello".

5. Sentimientos

Al final del día, el placer y el dolor son las únicas dos fuerza motivadoras en la vida. Encontramos placer en hacer lo que está bien, en obtener una recompensa, en enfrentar un desafío, en desarrollar nuestra propia valía, en vivir con propósito. Es el rechazo al dolor lo que nos aleja de hacer lo que está mal, de perder, de fracasar y de sentirnos sin valor y vacíos.

El dolor puede motivar a la gente a hacer cosas terribles, desde atacar en defensa propia, hasta recurrir a la violencia y otras agresiones para detenerlo a toda costa. De la misma manera, la promesa del placer ha motivado a la gente a hacer toda clase de cosas que pueden o no resultar benéficas, incluyendo comer con compulsión, la drogadicción y la infidelidad marital. Sabemos que algunas personas se sienten atraídas por el placer como moscas a la miel. Saben que algo está mal, pero sienten que deben hacerlo de cualquier manera. Y algunas personas encuentran placer en el dolor, sea el propio o el de otros.

El click con alguien motivado por sentimientos

Si no logras identificar la motivación de alguien, o su motivación no encaja bien en las otras categorías de este modelo, para hacer click deberás apelar al deseo de obtener placer y al miedo de sentir dolor. Esto lo harás hablando sobre sentimientos.

Aquí hay algunas frases para usar en tales situaciones:

* *"Es un placer conocerte."*
* *"¿No sería agradable reunirnos?"*
* *"Estoy seguro de que hay algo que podemos hacer para aliviar el dolor y la frustración que has estado experimentando."*

6. Propósito

El propósito es una de las fuerzas motivadoras más poderosas, porque nos proporciona la sensación de estar completos. Sin propósito, las acciones parecen vacías, y el vacío es con frecuencia el caldo de cultivo de la oscuridad y la desesperanza. Una persona motivada por un sentido de propósito a final de cuentas hace lo que hace porque esto la llena en el nivel más íntimo de su ser. Sabe quién es, por qué lo es, y por qué debe seguir avanzando. El simple deseo de alcanzar una sensación de propósito en la vida es un motivador para la acción. El propósito existe más allá de los beneficios materiales, más allá de la recompensa. El propósito es lo que le da a la vida un significado verdadero. El propósito es la mayor razón para todos los porqués.

Llega un momento en nuestras vidas en el que vivir con propósito sobrepasa todas las demás consideraciones y encontrar nuestro propósito promete el fin de esa sensación de vacío que sentimos cuando no tenemos idea de qué se supone que estamos haciendo. Una vida motivada por el propósito se expresa en el lenguaje del idealismo, de un mundo perfecto, de cómo deberían ser las cosas, del significado de la vida: *"Esto es lo que vine a hacer"*, *"En un mundo perfecto..."*, *"Aquí es donde entro yo..."*. La persona sin propósito expresa sensación de futilidad y desesperanza, porque cuando mira al pasado, no ve el caso en nada, y cuando ve hacia al futuro, no encuentra nada que lo anime a perseguirlo: "No le veo caso…", "¿Para qué molestarse…?", "Como si *eso* fuera a hacer alguna diferencia".

El click con alguien motivado por el propósito

Comprende el poder del propósito y comunica que lo entiendes. Pon atención cuando alguien hable sobre el significado de su vida, y apoya la misma visión de propósito en tu forma de responder. Conecta con su sentido de propósito o con algún aspecto de éste. O ayuda a alguien en camino de encontrar su propósito al hablar de su idea del ideal, y de los valores que aporta para lograr que eso suceda. En vista de que el propósito es un motivador tan amplio, la conversación puede tocar muchos temas y aún así lograr la conexión. La clave es hablar en términos de cómo deberían ser las cosas, por qué estamos aquí, y preguntar cuáles son sus sueños y ambiciones más grandes para hacer del mundo un mejor lugar. Habla sobre lo que es la acción, por qué está ocurriendo y por qué importa. Para conectar con un sentido de propósito, comienza con frases como: "Por esto estamos aquí", "Ésta es la razón por la que lo que estamos haciendo marca una diferencia", "Todo nos ha llevado a este momento" o "Éste es el momento en que todo comienza a ser importante". La forma más efectiva de conectar con el propósito es ser específica al respecto del propósito: "Lo importante aquí es fabricar un producto de calidad", o bien, "Todo se centra en salvar la selva tropical".

Cómo identificar los motivos

En ocasiones los motivos son obvios, una cuestión de traer al frente lo que ha estado tras bambalinas todo el tiempo. Gran parte del tiempo la gente simplemente te dirá cuáles son sus motivaciones. Si escuchas a la gente al explicar, defender, justificar y disculparse a sí mismos —escucharás tales cosas en el curso normal de cualquier conversación— puedes aprender mucho sobre sus motivaciones. Escucha las razones por las que la gente dice que hace lo que hace, y no hace lo que no hace. Simplemente escucha.

Capas motivacionales

La gente apila sus motivaciones en capas, comenzando por el motivador más importante, pero este apilamiento no es progresivo, sino aditivo. Entre más motivaciones tenga alguien, más motivado estará.

La versión más básica de las capas motivacionales ocurre cuando mezclas un poco de miedo con mucho deseo, la mezcla que ha demostrado ser la más efectiva. La persona que tiene algo hacia lo cual moverse y algo que dejar atrás tiene más motivación para seguirlo intentando que la persona que sólo tiene uno o lo otro.

No todos los miedos tienen el mismo peso, ni todos los deseos. Algunos miedos y deseos apelan de forma más poderosa a algunos individuos que a otros. Saber discernir las capas y tratar una por una logra las conexiones más poderosas.

Utiliza el *por qué* para identificar las motivaciones de la gente y para comprender la forma en que éstas se apilan una debajo de otra. Si preguntas: "¿Por qué quieres ir a esa conferencia?" y alguien te contesta: "Porque todos los demás van", puedes seguir preguntando, de forma amable, no intrusiva, y pronto sabrás toda la gama y la profundidad de las razones que influyen en su comportamiento, incluyendo cuántas formas de motivación hay. Tendrás una conexión más profunda con la gente si la dejas decirte sus razones, y si la comprendes.

Algunas respuestas potenciales incluyen:

Estima

"Es una oportunidad para que me vean mis colegas de profesión", "Si no voy, mis compañeros podrían asumir que no me interesa desarrollar mis capacidades".

Valores

"Cuentan conmigo", "No quiero decepcionarlos."

Desafío

"¡Es una verdadera oportunidad de aprender de los mayores expertos en el tema!", "Odiaría perderme de algo que podría hacer que otros me superaran".

Sentimientos

"¡Va a ser divertido!", "¡Odiaría perderme toda la diversión!".

Si quieres saber los motivos de alguien, pregunta

A veces lo mejor que puedes hacer es simplemente dejar todo de lado y preguntar: "¿Por qué estás haciendo eso?". A la mayoría de las personas uno no quiere hacerle preguntas tan directas. Pero descubrir la respuesta te conecta con la gente de formas increíblemente profundas y significativas. Puedes suavizar las preguntas al pedirles su ayuda.

* *"¿Puedes ayudarme a entender por qué haces esto?"*
* *"Realmente me gustaría conocerte mejor. ¿Puedes decirme por qué te importa tanto esto?"*

Una vez que hayas alcanzado cierto nivel de conexión —una vez que sepas el *quién, qué, dónde, cuándo* y *cómo* de algo que te hayan dicho—, preguntar por qué te proporcionará un nivel de entendimiento más profundo y de perspicacia sobre lo que motiva a alguien, y te dirá precisamente cómo hacer click.

Eso es justo lo que hice cuando mi esposa entró un día a mi consultorio, se sentó en el sillón y me dijo que acababa de hablar con una amistad por teléfono. Cuando le pregunté quién era, mi esposa se negó a decirme. Yo sabía que seguramente tenía alguna razón para evitar decirme, pero el hecho de que me hubiera contado en primer lugar de la llamada me indicó que quería compartir al menos algo conmigo.

Me dio curiosidad, así que le pregunté: "Cariño, tú mencionaste el asunto, me dijiste apenas lo suficiente para picar mi curiosidad y luego te detuviste. Tengo curiosidad de saber, ¿por qué no me cuentas el resto?".

Ella miró para otro lado y contestó: "No sería correcto".

Seguí insistiendo: "¿Por qué no sería correcto?".

Tras dudar un poco, finalmente concedió: "No puedo decirte porque quiero que sepas que puedes confiar en que no violaré lo que me digas en confianza".

En esto, pude escuchar que su motivo era lo que no quería. Le preocupaba hacer lo correcto, y detrás de esto se encontraba su deseo de tener mi respeto. Tanto sus preocupaciones como sus motivos se basaban en miedo, valores y estima.

Se me ocurrió la idea de usar el momento para reforzar algo que me motiva a mí: el hecho de que es importante para mí, como doctor, que mis conversaciones privadas con mi esposa sean confidenciales.

Así que le dije a mi esposa que no querría nunca que ella hiciera algo que pensaba que era incorrecto, y que no tenía nada, sino el mayor respeto por la manera en que ella honraba nuestras conversaciones privadas. En ese momento quizá no obtuve lo que quería al principio (los detalles de la conversación de mi esposa con su amistad), pero sí algo mucho más valioso para mí: una conexión aún más profunda con mi esposa.

No hay nada especialmente notable en esa conversación. Pero al elegir escuchar para encontrar su motivación, pude oír algo que siempre estuvo ahí. Y preguntar al respecto produjo un click.

Tú primero

La forma más rápida de aprender cómo escuchar y comprender la motivación en los demás es comprender primero las tuyas. Cuando tú te entiendas, otros también lo harán. Siempre que algo sea importante para ti, analízalo a fondo y descubre qué es lo que te mueve. Siempre que algo no te importe, estés evitando algo o incluso lo rechaces, tienes una oportunidad de oro para explorar tus motivaciones de "alejamiento". Conforme te familiarices con el lenguaje que usas al explorar estas motivaciones en ti mismo, encontrarás que es mucho más fácil reconocer ese mismo lenguaje y resonar con él cuando escuches que otros lo usan.

La parte más valiosa de este desafío es que incrementa tus habilidades de conectar con la gente y redunda en las relaciones más placenteras. No importa que seas bueno entendiéndolo. Lo que importa es que escuches más, y por lo tanto sepas más, y como resultado puedas conectarte mejor. Porque en el momento en que conectas con la gente, la gente conecta contigo.

CAPÍTULO 6

Lo que dice mi cencerro sobre mí: identificar valores para hacer click

Si entras a mi oficina verás mis valores escritos, literalmente, en las paredes. Está mi póster que dice "Vive", y la imagen de Peter Max que dice "Dios bendiga a Estados Unidos". Está el póster enmarcado sobre mi escritorio que dice "Todo lo que sé acerca de la vida lo aprendí en *Star Trek*", cerca del letrero de "Cabina del Capitán". Puedes ver que valoro los viajes y las aventuras porque hay *souvenirs* expuestos, como las flores de madera de Bali, un cencerro de Suiza y una cerbatana para dardos envenenados de Java. Puedes ver quiénes son mis héroes porque hay imágenes y recordatorios enmarcados en los muros (Buckminster Fuller, Thomas Jefferson, John Lennon, Superman). Me atrevería a decir que puedes notar que valoro tener una vida plena y variada, no hay nada espartano en mi oficina.

Dondequiera que nos encontremos, nuestros valores están expuestos

Lo que una persona valora no es ningún misterio. La gente te lo dice todo el tiempo. Esta información se encuentra en las elecciones que tomamos, en las cosas que hacemos, en los objetos que nos rodean en nuestro espacio personal y, por supuesto, en las cosas que nos decimos. Se nota cuando alguien valora la salud, porque hace ejercicio y come correctamente. Se nota cuando alguien valora divertirse porque lo demuestra yendo a fiestas y haciendo viajes de placer. Se nota cuando la gente valora el trabajo duro, el amor por la patria, el amor a Dios o la filosofía.

Los valores guían a la gente a la hora de determinar sus objetivos, tomar decisiones, relacionarse con sus amigos y colegas, desarrollar planes y tomar acción, y prácticamente en todo lo demás que emprende. Saber lo que otros valoran y aprender cómo establecer valores compartidos te pone en una mejor posición para hacer click. Cuando te des cuenta de lo que es importante para la gente, podrás encontrarlos en los terrenos que significan más para ellos. Saber lo que otros valoran nos dice cuál es la medida de todo lo que los rodea —su tiempo, su energía, sus pensamientos— y nos da un punto de contacto con sus más profundas raíces. Cuando logres identificar valores que compartes con una persona y encontrar valores que puedas compartir, crearás una gran plataforma sobre la cual hacer una conexión y construir una relación. Pero asegúrate de hacerlo de forma honesta, o cualquier plataforma que logres erigir será endeble, en el mejor de los casos, y seguramente incómoda.

Madeline logró aprovechar uno de los valores de su compañero de trabajo para convertir una desagradable relación de trabajo en una positiva. Llevaba meses trabajando con un hombre llamado Frank. Ella y Frank parecían ser de planetas distintos, y siempre que se encontraban cerca uno del otro, estos mundos chocaban. Madeline era afable y abierta, con frecuencia llevaba golosinas para compartir con los compañeros y siempre mostraba curiosidad por ver las fotos de los hijos de todo el mundo. Frank, por su parte, era arisco y cerrado. Las persianas de su oficina siempre estaban cerradas y cuando saludaba a alguien en el pasillo, en las raras ocasiones en que se molestaba en hacerlo, apenas gruñía. La voz de ella era aguda y cantarina. La de él, un estruendo sepulcral. A pesar de estas diferencias dramáticas, Madeline estaba determinada a encontrar una forma de hacer click con el hombre con quien tenía que interactuar todos los días laborales.

Después de un tiempo, la cuestión no era ya tan sólo que Madeline quisiera llevarse bien con todo el mundo, sino que sentía que la fría relación con Frank estaba interfiriendo con su trabajo. Le molestaba que, después de tanto tiempo de trabajar juntos, él no pudiera ser siquiera un poquito amable con ella. Un día, Madeline se armó de valor y entró a la oficina de Frank; había planeado confrontarlo sobre sus modales fríos y antipáticos. Entró y cuando él levantó la cabeza y sus miradas hicieron contacto, se lo pensó dos veces. Las cejas de Frank se veían especialmente adustas ese día y ella no estuvo segura de poder encararlo. Quizás había sido una mala idea. Miró a su alrededor, tratando de encontrar una salida digna. Entonces la vio. Sobre el escritorio de Frank había una lustrosa fotografía de un automóvil clásico convertible blanco con rojo, a la que ella nunca había puesto atención. "¿Es tu coche, Frank?", le preguntó, y contuvo el aliento. *Es* una mala idea, pensó de nuevo, mientras el silencio entre los dos se alargaba.

Pero entonces Frank rompió el silencio. "¡Sí, sí es!", dijo. Era la misma voz profunda y atronadora que Madeline había oído por años. Pero esta vez, la voz estaba cargada de energía. Esto era algo que le importaba, que consideraba importante y que quería compartir. "Es mi T-Bird del '56. Amo ese auto. Tienes unos faros redondeados, doble salida de escape en las esquinas de las defensas y tragaluces en el toldo duro descapotable. Perteneció a mi madre..."

¡No podía dejar de hablar! Su voz, su rostro, todos esos elementos que ella había tomado como algo personal, desaparecieron. Su historia reveló el amor que tenía por su madre, su aprecio por todo lo clásico, su atención al detalle y la libertad que experimentaba al ir manejando en carretera. Madeline había hecho contacto simplemente al señalar algo que Frank valoraba y hacer preguntas al respecto. A final de cuentas, resultó que ella también valoraba algunas de esas cosas (madres, libertad, atención al detalle...), y esto les dio pie para avanzar juntos.

Click.

Si no el principio de una hermosa amistad, al menos fue el inicio de una amistad verdadera.

Los iguales se atraen

Las organizaciones pueden hacer que su gente se concentre alrededor de un set de valores definido. Una vez que la gente entiende y acepta que dichos valores son la mejor forma de satisfacer sus propios valores, con gusto se conducirá de forma que lo cumpla. Las decisiones pueden basarse en lo que más importa cuando hay un alto grado de certeza sobre lo que se considera correcto y equivocado, porque la gente hace click con los valores que impulsan las decisiones.

Les Schwab Tires es considerado por muchos como un beneficio extra de vivir en la costa noroeste del Pacífico de Estados Unidos. Se les conoce por su servicio al cliente, casi legendario, y sus clientes les tienen una lealtad tremenda. Cada empleado ejemplifica la declaración de su misión: "El Orgullo en el Desempeño es el valor que nos impulsa en Les Schwab. Nos enorgullecemos de nuestro servicio al cliente y de nuestros empleados. Como compañía tratamos de incorporar esta creencia en todo lo que hacemos". Los empleados hacen click con estos valores, y los clientes hacen click con los empleados.

Patagonia, la empresa fabricante de ropa para exteriores, valora mantener un medioambiente prístino. Al declarar lo que considera importante, lo describe en estos términos: "Nuestra razón de ser es hacer los mejores productos posibles y no causar ningún daño innecesario. Pero estamos plenamente consciente de que todo lo que hacemos como negocio —o lo que hemos hecho en nuestro nombre— deja una huella en el medio ambiente. Hasta ahora no existe ningún negocio sustentable, pero todos los días damos pasos para aligerar nuestra huella y hacer menos daño".

> Cuando la gente se congrega alrededor de estos valores, se entiende y logra sacar lo mejor de sí.

Y lo contrario también es verdad. Cuando equipos y socios no logran ponerse de acuerdo en qué es lo que más importa, las diferencias terminarán por enfrentarlos. Las organizaciones sin un set de valores claro carecen de un centro coherente alrededor del cual los líderes puedan dirigir y la gente, organizarse. El resultado son guerras por territorio, murmuraciones y problemas de disciplina. La gente sin nada más que valores cliché, como "Creo en los valores familiares" y "Está mal hacer el mal", no tiene más opción que dar palos de ciego y señalar valores que no reconoce como propios. Cuando lo único que sabes es lo que no quieres, esto mina tu credibilidad y te cuesta el apoyo de otros. Con frecuencia vemos valores contrarios en la base de los conflictos. Los valores son algo tan neural en nuestras vidas, que se han convertido en una manera conveniente de implementar estrategias de divide y vencerás en la arena política, los medios de comunicación, el ambiente laboral y las comunidades.

> Cuando lo único que sabes es lo que no quieres, esto mina tu credibilidad y te cuesta el apoyo de otros.

La gente se emociona, se enoja e incluso se porta de forma irracional cuando algo que valora parece amenazado. Irónicamente, incluso aquéllos que no están bien seguros de cuáles son sus valores se vuelven tenaces defensores de ellos, muy probablemente debido a que reconocen algo básico, esencial y motivador en las cosas que importan en verdad en la vida. Por ejemplo, valores familiares es una etiqueta muy amplia que puede significar cosas distintas para gente distinta. La gente puede hablar de forma firme sobre valores familiares, pero no podrán decirte a qué valores familiares (amor, respeto, diversidad, fidelidad, jerarquía, unidad) se adhiere. Los manifestantes en la calle marchan porque están contra la guerra o contra un acuerdo

comercial. Pero si les preguntaras cuáles son los valores que los han llevado a salir a las calles, lo único que pueden hacer es *repetir* las consignas escritas en las pancartas. Su pasión está comprometida en algo, pero no están
seguros de qué es ese algo. Lo único que saben es que algo hizo click con
ellos y están dispuestos a salir a la calle por ello.

Usando los valores para hacer click

El simple hecho de profesar ciertos valores no garantiza ni éxito ni satisfac-
ción. Tienes que actuar en correspondencia con tus valores para satisfacer-
los. Comienza por hacer una evaluación honesta de cómo alguien (o alguna
organización) *actúa* sobre sus valores. Observa el ambiente, escucha lo que
otros dicen sobre la organización, considera su historial. Haz un inventario
de su comportamiento y úsalo como un barómetro de lo que le resulta más
importante; luego, trabaja para descubrir qué valores encarna. Digamos que
tu jefe parece siempre estar metido en juntas. Siempre tiene tiempo para una
junta, nunca parece tener suficiente de las reuniones en la oficina. Piensa,
¿por qué tantas juntas? Con base en tu experiencia en la oficina, podrías darte
cuenta de que la mayoría de estas juntas son alrededor de la comunicación y
la estrategia, valores comunes en el ambiente laboral. Ahora, incluso si eres
una de esas personas que odia sentarse alrededor de mesas de sala de conferencia, podrás hacer click: valorar la comunicación y la estrategia es algo
con lo que pueden identificarte. *Click*.

> Tienes que actuar en correspondencia con tus valores para satisfacerlos.

   Un ejemplo de política local me dio hace poco la oportunidad de ver
este click en acción en la vida real. Como presidenta de la junta de educación local, Harriet anhelaba que Jacob se postulara para un tercer periodo.
Jacob había sido un valioso miembro de la junta durante dos periodos. Había ayudado a que la organización realmente diera un giro y transformado
la junta desorganizada, llena de conflictos y cerrada en un grupo eficiente,
cooperativo y abierto. Como resultado, se estaban tomando mejores decisiones, recibían más apoyo del público y hacían un mejor trabajo para beneficio de la comunidad a la que servían. Pero ahora Jacob se sentía listo para
un nuevo desafío. Se sentía satisfecho y pensaba que la junta podría continuar por buen camino sin él.

Harriet no estaba de acuerdo. La energía, la pasión y el entusiasmo de Jacob habían sido cruciales para lograr numerosos cambios positivos en la junta, en las escuelas y en la comunidad. Ella deseaba que Jacob se postulara para un tercer periodo, pero ¿cómo lograrlo? Al haber trabajado en ambos periodos con él, Harriet había escuchado bastante sobre los valores de Jacob. Sabía que valoraba la eficiencia, porque lo había escuchado comentar en las juntas que "los sistemas ineficientes son una vergüenza de desperdicio" y "necesitamos hacer mejor uso de los recursos a nuestro alcance". Sabía, por haberlo observado y hablado con él, que disfrutaba diseñar y modificar sistemas, y lo había escuchado hablar sobre la importancia de que el diseño se acoplara a su intención original. Sabía que valoraba su propio proceso de aprendizaje, porque años atrás le había dicho que se había unido a la junta para aprender cómo funcionan estos mecanismos. Además sabía que para él era importante marcar una diferencia porque en más de una ocasión se lo había dicho directamente. Por sobre todo lo demás, sabía que él valoraba las condiciones que crean grandes oportunidades. En varias reuniones de la junta, había utilizado la metáfora del campo de futbol fracturado para ilustrar las oportunidades. "En el futbol, once jugadores por cada equipo se colocan de forma ordenada frente a frente. Comienza el juego y los jugadores se dispersan: donde antes había orden, ahora reina el caos. Los espacios vacíos", decía, "son oportunidades para las grandes jugadas". A Jacob le encantaba la turbulencia y el desorden, porque eran indicadores de un campo fracturado. Al mirar dicho campo fracturado, Jacob no veía desorden, sino posibilidades.

Harriet tenía la sospecha de que Jacob había perdido el interés en estar en la junta porque para él los espacios ya no eran evidentes. La junta funcionaba bien. La comunidad estaba más involucrada y contribuía más. Habían implementado sistemas para la toma de decisiones, para la recolección de información, para interactuar entre ellos y con la comunidad que los rodeaba. No era un campo fracturado. No había espacios, no había oportunidades para que él pudiera satisfacer sus valores.

Fue con este entendimiento de sus valores que Harriet se acercó a Jacob. Le preguntó si había ya reconocido el mayor problema que enfrentaba la junta. Jacob se sintió naturalmente intrigado, ya que creía que había cumplido con su cometido. No era así, le explicó Harriet. "No tenemos un proceso de reclutamiento, así que la junta se encuentra a un ciclo de ver destruido todo el duro trabajo que hemos hecho. Si tan sólo tuviéramos un sistema para identificar a la gente adecuada y lograr que concursaran para los puestos, qué gran diferencia haría esto en la comunidad." Entonces ella le recordó el caso de una comunidad vecina que tenía tres puestos abiertos y que terminó en medio de un caos cuando llegaron personas no calificadas, que eran los únicos candidatos. "Qué pena que nunca arreglamos esto mientras te teníamos con nosotros." De pronto, Jacob pudo ver un campo fracturado, una oportunidad de hacer la diferencia con el diseño de un sistema eficiente que lo haría aprender algo nuevo. *Click*.

Evidentemente, hacer click no siempre es un asunto tan sencillo. Un individuo puede tener valores conflictivos. De hecho, la mayor parte de la gente en nuestra cultura ha sido educada de esta manera, y esto ocasiona mucha confusión. Nos enseñan a "amar al prójimo como a uno mismo". También nos enseñan que es un mundo en el que "perro come perro y hay que cuidarse del que va a la cabeza". ¿Cómo hacer que esto tenga sentido? Es imposible. Pero sí puedes reconocer el conflicto inherente. Con frecuencia, estos conflictos persisten porque se quedan en el inconsciente y no son objeto de examen. Si te das cuenta de que alguien está dividido entre valores que se contraponen, puedes hacer click con esa persona al traer esto a colación cuando hablas con él, explorando los valores y sus definiciones de éstos, y luego hablando sobre lo que es más importante. Hacer una jerarquía de valores le ayuda a la gente a resolver estos conflictos y pensar con mayor claridad.

Pongamos a Pete, por ejemplo. Pete valora el tiempo que pasa con su familia, pero también un largo día de trabajo provechoso. Muchas son las noches que se queda trabajando hasta tarde, con el efecto secundario de que no tiene tiempo para su familia. Así, la mayor parte del tiempo se siente en medio de un conflicto. Si quieres hacer click con Pete, habla con él sobre esto: "Sé que amas a tu familia, debe ser difícil estar aquí, trabajando hasta tarde y perdiendo la oportunidad de pasar tiempo con ellos". Pete reconocerá que estás apelando a un aspecto importante de su vida y hará click contigo debido a ello. Es probable que se ponga a hablar, y tu capacidad de escuchar e invitarlo a expresarse se convertirán en un beneficio de conocerte para él.

Cuando entran en juego valores en competencia, verás las señales reveladoras: gente o grupos que envían señales contrarias, o que son incapaces de tomar decisiones, o consecuencias de acciones que apuntalan uno de los valores y se reflejan de forma negativa en el otro valor. Considera a la persona que valora su salud, pero que no se da el tiempo para hacer ejercicio porque hay un valor en conflicto, como la prioridad de tener tiempo libre o quizá ser frugal, lo que le impide pagar por la membresía de un gimnasio. Detecta conflictos de este tipo e involúcrate con la gente alrededor de estos temas, así crearás una oportunidad de conectar con ellos que será tan significativa como de gran ayuda.

El valor de reconocer valores y valores en conflicto estriba en que podrás hablar con las personas sobre cosas que les importan a ellas en un nivel muy profundo. Y en el proceso de hablar de ello, incluso podrías descubrir algo acerca de tus propios valores. Podrás descubrir que compartes muchos valores, y otros que podrías compartir. Así es como se construyen las relaciones fuertes. Así es como la gente se gana la confianza mutua. Así es como la gente se ayuda entre sí a honrar los valores importantes en sus vidas.

Conoce lo que valoras

Conocer tus propios valores te ayuda a detectarlos en los demás. Y como la mayor parte de la gente encuentra valiosa a la gente que vive sus valores, ser capaz de declarar cuáles son los tuyos y actuar en concordancia con ellos con confianza, claridad y autoridad incrementa tu clickabilidad inherente, de la misma forma que mejora tu capacidad de hacer click con alguien más.

Comienza preguntándote: ¿Qué es lo que más me importa en la vida? *¿Qué es lo que yo* considero suficientemente importante como para encontrar el tiempo para llevarlo a cabo?

La mayor parte de la gente que trabaja en una lista de esta naturaleza descubre que tiene entre cinco y diez valores básicos. Sólo tú puedes determinar cuáles son los tuyos, pero para ponerte a pensar, aquí tienes algunos valores comunes:

Familia, honestidad, diversión, Dios, aprendizaje, aventura, organización, espíritu, liderazgo, risa, trabajo en equipo, integridad, amor, creatividad, servicio, alegría, hijos, dinero, romance, efectividad, felicidad, salud, libertad.

Muchos, e incluso la mayoría, pueden resultarte atractivos, pero tienes que identificar cuáles están en los primeros lugares de tu lista. Analiza tu comportamiento tanto como tus pensamientos. Seguro, podrías decir, yo valoro mucho mi salud. Pero quizá no sea tanto si cenas en el restaurante de los arcos amarillos todos los días y no has sudado en años. Tus valores más importantes son los que con más probabilidad guían tu vida.

Cuando los valores se contraponen

Podrías no estar de acuerdo con alguien sobre muchas cuestiones particulares, pero aún así compartir valores. Concentrarte en lo que los divide podría evitar el click; trabajar a partir de lo que los une podría ser la base del mismo. Esto me sucedió con un cliente en especial, que aseguraba que los republicanos eran muy superiores a los demócratas porque: "Nosotros pensamos que es importante limitar al gobierno, ¡pero los demócratas quieren que el gobierno actúe como el Gran Hermano y que esté a cargo de todo!". Una clarísima declaración de valores, supongo. Pero este tipo de encasillamiento viola mi propio valor de bipartidismo y de las relaciones entre los partidos. Sin embargo, sucede que concuerdo con la idea de limitar al gobierno. Así que, aunque estuve tentado a subirme al ring con él sobre el tema de la importancia de trabajar juntos y los problemas de declarar que uno es mejor que alguien más, le dije: "Sí, estoy de acuerdo, es importante limitar el tamaño del gobierno". Elegí no desglosar el valor hasta el punto de llegar a los detalles sobre los que podríamos no estar de acuerdo, y presté atención al valor que ambos compartíamos. No tenía caso hacer otra cosa.

Cuando uno generaliza lo suficiente, todo el mundo es igual. Pero si tomas en cuenta suficientes detalles, todo el mundo es distinto. El objetivo es encontrar el terreno en común. Encuentra valores que puedas compartir, no para dar tu opinión de qué debería ser más importante. Construye tus conexiones alrededor de lo que es más importante para la otra persona.

Conexión auténtica *vs.* manipulación

Toda comunicación es manipuladora. La única razón por la que nos comunicamos es para manipular de alguna forma el medio que nos rodea; nos comunicamos para lograr que algo suceda. Es la razón por la que aprendemos cómo comunicarnos en primer lugar: como bebés, lloramos (nos comunicamos) para conseguir que nos den de beber, nos cambien el pañal o nos pongan a dormir. No hay nada terrible al respecto. Pero en algún momento entre el punto en que luchábamos porque alguien nos cargara y estar leyendo este libro, la mayoría de nosotros hemos llegado a asignar una carga negativa al concepto de manipulación. En realidad, es una palabra neutral. La manipulación *es* negativa cuando se emplea para que la gente haga cosas que van en contra de sus intereses. Pero la mayor parte de la comunicación no es así. Ser bueno haciéndolo, como con las estrategias de este libro, simplemente quiere decir que eres *hábil*. Los mejores comunicadores son a la vez hábiles y auténticos.

No siempre es fácil recordar esto en un mundo en que demasiados políticos, líderes civiles y autoridades religiosas han asegurado compartir tus valores para luego actuar en contra de tus intereses. Perdona mi cinismo, pero cuando escucho a la mayoría de los políticos decir que comparten mis valores, mi reacción instintiva es decir: "No me gusta lo que estás haciendo con ellos. ¡Devuélvemelos!". Gente de todas profesiones y condiciones sociales, sin sensibilidad ética, que no valora la honestidad, la integridad, la sinceridad y la autenticidad, no dudará en utilizar toda idea conocida sobre lo que funciona en la comunicación, toda habilidad que hace posible que existan las relaciones positivas para avanzar sus propios intereses mezquinos y lograr sus propios fines negativos. Y no hay nada que puedas hacer al respecto de lo que estas personas deciden hacer con las habilidades y herramientas disponibles para todos.

La buena noticia es que tú habrás construido un mecanismo de protección contra este tipo de manipulación. Puedes pensar por ti mismo.

Proyección positiva

Aun si no puedes encontrar valores compartidos, es posible hacer click con alguien hablando *como si* tales valores existieran. Esto se denomina proyección positiva y funciona porque permite que la gente sepa que reconoces y aprecias sus valores. Aun cuando sus acciones parezcan indicar que en realidad no aprecian los valores que defienden. Puedes decirle a un gerente desconsiderado que tú sabes que él entiende y valora el respeto, y decirle a un representante de servicios al cliente poco eficaz que tú sabes que él entiende la importancia de ofrecer un buen servicio. Dirás: "Sé que eres una persona inteligente, capaz de resolver e identificar los problemas", o bien, "Te he visto hacer esto antes, y sé que puedes hacerlo ahora". Habla como si fuera perfectamente normal que él hiciera el tipo de cosa que le estás pidiendo que haga. O por el contrario, puedes hablar en negativo, pero diciendo cosas como *"Sé que no va con tu carácter* desquitarte así" (o actuar precipitadamente, o hacer elecciones injustas, o diseminar chismes…).

Al hacer esto, probablemente verás un cambio en el comportamiento de la persona. Al proyectar un valor positivo sobre alguien que se está comportando mal, cambias la percepción que tiene de sí misma y existe la posibilidad de que comience a comportarse de manera que haga que dicha proyección se convierta en realidad. La mayor parte de la gente se eleva o baja hasta el nivel de tus expectativas.

Más aún, los valores no satisfechos o los conflictos internos con frecuencia conducen a la gente a emociones contraproducentes y negativas como el enojo explosivo, la frustración crónica y la desesperación silenciosa. Refuerza la mejor parte de su naturaleza de esta manera y, en la medida que encuentren su camino de retorno para alinearse con sus propios valores, quizá sean capaces de dejar atrás el mal comportamiento.

Cuando los valores sean distintos, armoniza con otra cosa

Cuando tienes valores completamente distintos a los de una persona con la que aún te gustaría hacer click, mantente fiel a tus valores y armoniza con otro punto. Casi siempre es posible encontrar algún contexto en el cual resonar. Sólo te será imposible hacer click si tu atención se concentra únicamente en las diferencias que te apartan de alguien más. Una vez en terreno común, podrás encontrar áreas más significativas de intereses comunes. Así, podrás hacer click prácticamente con cualquiera.

> Te será imposible hacer click si tu atención se concentra únicamente en las diferencias que te apartan de alguien más.

Una vez en Connecticut un chofer de limusina me hizo algunas preguntas mientras me llevaba a mi hotel. "¿Qué hace aquí?". Le contesté: "Voy a dar una conferencia". "¿Sobre qué?", interrogó. "Cómo lograr que la gente te entienda", le respondí. Prácticamente se salió del camino, ya que se volteó a preguntarme sin rodeos: "¡¿Cómo hace eso!?". Le dije que sabía que valoraba mi seguridad (proyección positiva), y que estaba consciente de que mi seguridad estaba en sus manos. Luego le dije que me encantaría contestarle su pregunta si me prometía mantener la vista en el camino mientras él manejaba y yo hablaba. Me lo prometió, y cumplió su promesa. Esto es lo que le dije.

"Puedo ver, por esa foto de tu familia en el tablero, que amas a tu familia. Y aunque tú no puedes ver una foto de mi familia, llevo una conmigo. Así que ambos valoramos a la familia. Y me doy cuenta por tu pregunta de que valoras aprender, igual que yo. Así que, aunque tú vas en el asiento delantero y yo en el trasero, ambos vamos en el mismo auto y tenemos mucho en común. ¿Cómo lograr que la gente te entienda?, comienza por las cosas que tienes en común con ellos.

"Cuando nosotros, como personas, nos separamos y hacemos énfasis en nuestras diferencias, no es posible ninguna solución a nuestros problemas, porque nadie coopera con nadie que parezca estar en su contra. Pero cuando encontramos una manera de estar juntos en algún terreno común, podemos resolver cualquier diferencia que encontremos, superar cualquier obstáculo que nos amenace. Esto es lo que se necesita para que tú me entiendas a mí, y yo a ti. ¿Entiendes?"

Me entendió. Reconoció el valor que había en lo que yo estaba diciendo, y casi pude escuchar el click.

CAPÍTULO 7

El click electrónico

En el mundo moderno, las comunicaciones y las conexiones son posibles en cualquier momento y en cualquier lugar gracias al teléfono, el correo electrónico y las redes sociales. Con tantas herramientas para hacer y mantener contactos, uno esperaría que esto se tradujera en mejores clicks. Y es verdad que puede ocurrir. Pero estas herramientas en ocasiones son apenas un pobre sustituto de las conexiones reales y las relaciones genuinas. Si se usan sin cuidado, pueden bloquear la formación de conexiones e incluso romperlas. Sin embargo, si se usan con inteligencia, pueden abrir puertas. Y mantenerlas abiertas. No hay ningún sustituto para la interacción cara a cara, pero la tecnología puede crear oportunidades de conexión que serían imposibles si estuviéramos limitados por la comunicación presencial. Sólo recuerda que aunque un teléfono o una computadora pueden facilitar una conexión, ¡tú eres el único que puede hacer el click!

Click vía telefónica

Tengo tres palabras para describir tu mayor reto a la hora de hablar por teléfono: rango de atención acortado. Ahora es posible comenzar, construir o destruir una relación más rápido que nunca. Para la mayoría de las personas, si no es que para todo el mundo, hacer varias cosas a la vez, *multitasking*, se ha vuelto un estilo de vida. Los correos electrónicos llegan como en un goteo interminable. Los teléfonos y los celulares suenan sin cesar. El resultado es que nuestra atención cambia constantemente en un desinterés agitado y nos concentramos en una cosa sólo hasta que otra llega exigiendo lo que queda de nuestra fracturada atención.

El otro obstáculo con que tienes que lidiar al usar el teléfono es que no tienes indicaciones visuales. A menos que estés usando un sistema de teléfono por internet con cámara para las llamadas, no podrás detectar los sutiles indicadores visuales que podrían ayudarte a entender lo que estás escuchando y que podrían ayudar a la persona del otro lado de la línea a entender lo que tú estás diciendo. Esto es problemático porque hay gente que ni siquiera se da cuenta de si estás escuchando a menos que puedan ver tu cabeza asentir mientras hablan.

Ocho claves para hacer click por teléfono

Una conversación telefónica se compone de una serie de momentos en que se forman impresiones y se toman decisiones. Cada momento sirve ya sea para simplificar o para complicar el momento siguiente, dependiendo de cómo te comportes. Para evitar malos entendidos y reducir la posibilidad de conflicto, es importante mantener el click básico armonizando con frecuencia.

Al construir conexiones por teléfono, cuentas con ocho herramientas clave en tu caja de herramientas, la mayoría de las cuales involucra alguna forma de armonía. Por teléfono, estas herramientas cobran aún mayor importancia y tienen un mayor impacto que el que tienen al usarlas en persona.

No es necesario aplicar todas las claves siguientes en cada conversación con cada persona. Como en todo lo que se refiere a comunicación, un poco alcanza para mucho. Mejorarás tus posibilidades de hacer click si eliges algún aspecto de la forma en que la persona con la que estás hablando suena y actúas en consonancia.

1. Asegúrate de que sea el momento adecuado.
Asegúrate de que tu llamada funcione tan bien para la persona al otro lado de la línea como para ti. Aborda el tema antes que llamar en mal momento se vuelva una barrera para el click haciendo una pregunta sencilla: "¿Es un buen momento para hablar, o preferirías que te llamara en otra ocasión?" (ésta es una buena idea incluso si estás llamando a una hora acordada previamente).

2. Utiliza el nombre de la persona para mantener su atención.
El nombre de una persona es la llave para mantener su atención y usarlo con mayor frecuencia te ayudará a mantener la conexión. Ésta es una buena forma de contrarrestar la tendencia de la gente a hacer varias cosas a la vez mientras está en el teléfono. Utiliza esta herramienta sin dudar si la persona te pide con frecuencia que repitas lo que dijiste, una señal de que está distraída.

3. Imita el volumen de la voz.
Descubrirás que es más fácil obtener y mantener el click si hablas a un volumen similar al de la persona al otro lado de la línea.

4. Imita la velocidad del habla.
Habla a una velocidad similar a la de la persona al otro lado de la línea. La gente que habla rápido puede llegar a sentirse frustrada con la gente que habla lento, y quienes hablan lento pueden sentirse insultados o sentir desconfianza con quienes hablan rápido. Adopta una velocidad que haga sentir cómodo al interlocutor.

5. Conforma tu ritmo al de la otra persona.
Algunas personas hablan con frases fluidas, en las que una idea conduce naturalmente a la siguiente; otros hablan de forma fragmentada y en tonos dubitativos. Escucha y adopta el patrón de ritmo de la persona con la que hables.

6. Imita la energía.
Si la voz de una persona comunica una energía apagada, baja un poco el nivel de energía en tu voz. Habla suave y lento. Y si una persona habla de forma energética, ¡súbele un par de puntos a tu energía!

Si la persona suena un poco deprimida, bajar un poco tu estado de ánimo podría mejorar su humor. Si una persona suena feliz o se está riendo, una señal similar de tu parte creará el click.

7. Imita la variedad vocal.
Utiliza una variedad similar de tonos y descubrirás que es fácil obtener y mantener el click. Algunas personas hablan en un solo tono o en un rango muy limitado de tonos en donde no entran ni agudos ni graves. Algunos hablan con un tono agudo permanente y otros, en un tono bajo permanente. Hay quien prácticamente habla cantando. Pon atención a tu variedad tonal, de manera que puedas hablarle a la gente en tonos que les sean familiares. Un ejercicio sencillo para hacer esto es tomar una misma frase y repetirla con un énfasis distinto cada vez. Por ejemplo, "rápido corren los carros cargados de azúcar". Luego, "rápido *corren* los carros *cargados* de azúcar", luego, "*rápido* corren los carros cargados de *azúcar*". Cualquier frase es buena. De esta manera lograrás escuchar los efectos que tiene la variedad de tonos y usarla con más eficacia con los demás.

8. Usa frases de la misma longitud y palabras del mismo estilo.
Habla utilizando frases de la misma longitud y palabras de nivel similar, esto te facilitará establecer y mantener el click. Determina —e imita— el nivel y la variedad del vocabulario, y el uso de jerga especializada o coloquialismos o lenguaje técnico (o su ausencia).

Cuatro formas de hacer click durante una entrevista telefónica

Yo hago entrevistas por teléfono todo el tiempo. En mi caso, las conversaciones suelen ser con planificadores de reuniones que están interesados en contratarme para un evento, como una conferencia o un curso, y los clientes potenciales tratan de determinar si soy una buena elección como *coach*, y con productores de radio y televisión que tienen curiosidad por saber si seré un buen invitado para sus programas o conductores que me entrevistan en el programa. La entrevista es un momento fundamental, una oportunidad limitada para hacer una conexión importante que realmente puede tener un impacto en tu vida. Aquí hay algunas sugerencias que pueden incrementar tus probabilidades de hacer click durante una entrevista telefónica.

1. Usa una línea fija.

En un mundo lleno de celulares, este pequeño detalle aún puede significar la diferencia. Lo último que necesitas es que la llamada se corte o se vea interrumpida por la estática. Si no tienes una línea fija, encuentra a alguien que la tenga y pregunta si puedes usarla para hacer una llamada. Los amigos con frecuencia aceptan este tipo de petición. En muchas ciudades hay centros de negocios, incluso en los aeropuertos, en donde puedes usar una línea fija por una módica cuota. Créeme, vale cada centavo que pagues.

2. Prepárate.

Antes de contestar (o marcar) el teléfono, ponte en sintonía y piensa qué es lo que sabes y lo que no sabes sobre la organización a la que estás llamando. Prepara al menos entre tres y cinco puntos para discutir que quieras tratar para dar una buena impresión. Estos temas de conversación deberán ser frases breves que quieres plantar en la mente del entrevistador, y asegúrate de practicar con anticipación. Si te hacen una pregunta que no puedas responder, al menos serás capaz de introducir uno de estos temas en la conversación y mantenerte a flote en la entrevista. Un consejo breve: asegúrate de que estos temas giren en torno a lo que tienes que ofrecer, no lo que tú necesitas.

La otra mitad de la preparación consiste en crear una zona a tu alrededor que puedas mantener libre de posibles interrupciones. Ten a la mano cualquier cosa que pudieras necesitar (agua, un cuaderno de notas, un calendario...).

3. Concéntrate.

¡Prohibido hacer varias cosas a la vez! Concentrarte únicamente en la tarea que tienes enfrente envía una poderosa señal de que consideras que esta llamada es de la mayor importancia. Sé respetuoso del tiempo de tu interlocutor.

Si la llamada llega de forma inesperada, pide un momento para prepararte. Puedes decir que esta llamada es importante para ti y que necesitas ir a otra habitación para evitar distracciones. Si logras mantener esta breve pausa, en realidad sonarás mejor que si hubieras comenzado la entrevista en el instante de contestar el teléfono.

Si estás tomando notas mientras el entrevistador habla, asegúrate de hacérselo saber al entrevistador, así no se sentirá confundido al escuchar silencio del otro lado de la línea. Este mensaje también puede interpretarse como una forma de decir que estás muy interesado en la llamada, y trabaja a tu favor.

4. Escucha y armoniza.
Recuerda aplicar la escucha conectada a todo lo que se diga. No esperes a que te digan lo que significa cierta cosa. Haz preguntas activas sobre cualquier información que se presente para averiguar todos los detalles que puedas.

Si el entrevistador no responde después de haber tú contestado una pregunta, voltea la pregunta. Si te preguntaron qué es lo que te hace el candidato ideal para el puesto y tu respuesta es recibida en silencio, pregunta: "¿Qué cualidades esperan ustedes encontrar en alguien que lo harían el candidato perfecto?".

Analiza la forma de hablar del entrevistador y usa algunos de los ocho métodos de armonización que se describen antes, en este mismo capítulo. Si tu entrevistador hace comentarios sobre cosas de la vida cotidiana, sigue su ejemplo y ajusta tu estilo. Si por el contrario, habla estrictamente de negocios, tú deberás hacer lo mismo. Imita su energía, su estado de ánimo y todo lo demás.

El click por correo electrónico

El correo electrónico puede usarse para lograr un click básico con alguien o para establecer las bases para el click tradicional. El correo electrónico también puede servir de apoyo para un click más profundo que se haya establecido en persona y mantenido a lo largo de cierto tiempo, pero es prácticamente imposible crear un click profundo o duradero usando sólo el correo. No estoy diciendo que no pueda hacerse, pero los elementos tiempo, espacio y palabras no conforman una conexión verdadera, sin importar las buenas intenciones detrás. Si usas esta herramienta de la forma equivocada, te arriesgas a perder la oportunidad de hacer click en otra ocasión. Tienes que saber cómo comunicarte de manera convincente en tus escritos de correo electrónico, pero también tienes que aprender a saber cuándo llevar las relaciones al terreno presencial y hacerte el tiempo para lograr un click personal.

El correo electrónico es una poderosa manera de lidiar con tipos específicos de mensajes. Por ejemplo, puede ser la manera de iniciar contacto con una persona a la que no conoces. (¡Pero asegúrate de hacerlo de una forma que lo haga sentirse inclinado a conocerte a ti!) Puedes usarlo para agendar eventos si envías calendarios para que la otra persona los acepte o rechace. Puedes usar correos para planear reuniones; en ellos enviarás la información relevante y de contexto antes de la reunión. Puedes usarlo para intercambiar ideas, afinar detalles y mantener un registro de los avances. El correo electrónico puede ayudarte a mantener el contacto después de establecer un click personal, y en las relaciones establecidas en las que el contacto cara a cara no siempre es factible. Para todo lo demás, probablemente hay mejores maneras de hacer una conexión.

Los desafíos del correo electrónico

Cuando nuestro objetivo es construir, o al menos no socavar, nuestras relaciones, nos enfrentamos a tres desafíos importantes con el uso del correo electrónico.

El primero es el volumen mismo del correo que recibimos (y enviamos), lo que lo vuelve un enorme reto para cualquiera que quiera hacer algo de provecho. La facilidad con la que es posible escribir y enviar correos electrónicos ha dificultado manejar su flujo, y la calidez y el trato amistoso con frecuencia quedan relegados detrás de los asuntos prácticos. A menos que se trate de un mensaje entre amigos o asociados que tienen una relación de amistad, la gente no tiene mucho tiempo o paciencia para preguntas no relacionadas con el tema, como: "¡Hey! ¿Cómo estás, qué cuentas de nuevo?", que podrían colarse en una conversación personal o telefónica.

La facilidad con que se envían los correos crea el segundo desafío: la capacidad de responder con rapidez, o de pegar y copiar sin esfuerzo, introduce el peligro de enviar un mensaje antes de tener tiempo de pensarlo mejor. Selecciona Contestar, di lo que te venga a la cabeza, selecciona Enviar y, de pronto, no hay marcha atrás.

Finalmente, al ser una conversación escrita, carece de claves vocales y faciales, y de textura emocional que iluminan el significado de las palabras cuando las usamos para hablar con alguien cara a cara. Así, puede ser difícil interpretar de forma precisa lo que se lee al recibir un mensaje. Puede ser difícil saber si alguien está siendo amable o exigente, si se siente frustrado o enojado, si bromea o sólo está siendo directo. Más aún, tu estado de ánimo muy probablemente determinará tu respuesta a un mensaje. Cualquiera que sea el sentido de lo que dice el mensaje, éste podrá tergiversarse si quien lo lee tiene un mal día, está distraído o tiene el azúcar baja. O cualquiera de los cientos de posibles influencias negativas. Y si alguien se siente mal mientras escribe un mensaje, bien podría transmitir su estado de ánimo en él.

Las emociones por correo electrónico

Jeff Hancock, profesor de comunicaciones de Cornell, publicó recientemente un estudio en que demuestra cómo se transmite el estado de ánimo de la gente a través del correo electrónico, la mensajería instantánea y los mensajes de texto. La gente que se sentía triste, ansiosa o frustrada mientras escribía los mensajes, enviaba menos mensajes y más breves, además de que usaba más palabras relacionadas con estas emociones (*molesto*, *decepcionado* y otras similares). Expresaba menos aliento y menos concordancia. Y sus sentimientos se expresaban de forma clara y contundente, tanto así que se consideraron "contagiosos": los interlocutores comenzaban a sentirse igual.

Ocho formas de hacer que los correos electrónicos funcionen a tu favor

El correo no es la mejor forma de comunicarse para todo propósito, pero sin duda tiene un lugar en la comunicación. Mucho de lo que funciona para lograr el click en persona también funciona para el click electrónico, aun si tus únicas herramientas son las palabras. Pero tienes que estar consciente de sus limitantes y tienes que aprender a usarlo con sagacidad. La excepción a esto son la familia y los amigos cercanos, a quienes no les importará mucho cómo digas lo que dices, porque ya te conocen y te aman así, y aman saber de ti. Con el resto de la gente, haz caso de los siguientes consejos para construir mejores conexiones.

1. Sé amable.
Ésta es la primera regla de toda correspondencia escrita, no sólo el correo electrónico. Mi madre decía que es más fácil atraer moscas con miel que con vinagre. Y aunque en esta época queda muy poco tiempo para ser amable, los mejores correos son los que contienen algunas características básicas de cordialidad. Una introducción amable (igual a la de una carta real), como "Apreciado..." o "Espero que todo vaya bien", da lugar a una positiva primera impresión.

De igual manera, termina tus mensajes con algunas frases amables comunes, como "Gracias por tu tiempo. Sinceramente, _____" o "Espero tu respuesta. Recibe los mejores deseos de," para dejar una buena impresión.

2. Usa el campo de asunto del mensaje.

Este campo sirve para decirle a la gente en qué van a meterse antes de abrir tu mensaje. Un correo sin título dice que lo que tienes que decir no debe ser muy importante. Un título perdido, que es lo que sucede cuando no lo escribes o cuando se pierde al reenviar un correo demasiadas veces (Re: Re: Re: Re: Re: Re: Re: ¿Qué?), le dice a quien lo recibe que el mensaje no es personal. En vez de esto, escribe un breve título descriptivo para atraer la atención hacia tu correo.

Cuando comienza una conversación por correo electrónico, el asunto describe el tema. Pero en los correos subsiguientes, el tema podría evolucionar (o involucionar) hacia algo completamente distinto. Si dejas que esto ocurra durante un largo periodo de tiempo, tu interlocutor podría dejar de ver el caso en responderte. Mantener el título acorde con el tema de la conversación, te ayudará a crear una conexión más consistente.

3. Sé breve.

Respeta el tiempo y esfuerzo de la otra persona, sé breve y claro, haz que tus ideas sean obvias y pide lo que quieres lograr. Esto es bueno para la otra persona, así que es bueno para tu relación con ella. Cuando una persona abre un correo electrónico, éste es apenas uno de muchos otros, otra cosa a la que contestar, no algo en lo que demorarse. Ésta es la razón por la que el correo es perfecto para las interacciones breves. Entre más largo sea el correo, menos atención es probable que reciba, lo que disminuye la posibilidad del click.

4. Estructura tu mensaje.

Los correos electrónicos son oportunidades únicas para presentar tu caso, hacer las preguntas que tengas o producir un resultado. Para lograrlo, necesitas estructurar cuidadosamente tu comunicación escrita de forma que la otra persona pueda concentrarse exactamente en lo que tú tienes que decir o lo que quieres que ocurra.

Hay tres pasos para elaborar un mensaje simple, directo y efectivo:

• Dale a tu interlocutor una razón para terminar de leer el mensaje. Declara tus intenciones desde el principio. "La razón por la que te estoy enviando este mensaje es darte información para nuestra siguiente reunión", o bien "Te escribo para ponerte al corriente sobre lo que hablamos en nuestra última conversación". Estas líneas de inicio establecen el terreno para hablar de lo que sigue.

- Llama a tu interlocutor a la acción. Aquí le dirás lo que quieres que haga como resultado de leer lo que escribiste. "Me gustaría escucharte al respecto de cómo impacta en nuestros planes esta información", "Por favor, comparte lo siguiente con el resto del equipo, para que todos estemos en el mismo canal" o "Estoy ansioso por escuchar tus recomendaciones a partir de esta información". Habrá ocasiones en que no sea necesaria ninguna respuesta ni acción. En ese caso, dilo también. Una forma sencilla de hacer esta indicación es abrir tu mensaje con un "Para tu consideración", de la siguiente manera, "Para tu consideración, aquí te envío un resumen de nuestra más reciente llamada telefónica. Espero que te sea de utilidad".

- Tercero y final: dale al interlocutor la información de forma clara y concisa.

5. Apaga cualquier fuente de incendio.

El lenguaje emocional por correo electrónico puede ser riesgoso. Si al escribir un mensaje, o incluso al leerlo, tienes emociones muy intensas, es probable que desate consecuencias no intencionales. Éste es un "incendio" electrónico. Y lo enciende cualquier correo que desencadene una reacción emocional. El problema con los fuegos es que se extienden. Si envías un incendio, te devolverán otro, y antes de que te des cuenta, toda tu relación está en las llamas del malentendido.

Haz del tiempo tu aliado. No hay ninguna buena razón para responder de forma inmediata cuando tienes una reacción negativa. Espera hasta haber aclarado tu mensaje y lidiado con tus emociones antes de responder, y encuentra un marco de referencia positivo sobre el cual construir la relación antes que destruirla. Nunca respondas a un correo electrónico de forma impulsiva. Tómate tu tiempo para aclarar tus pensamientos antes de ponerlos por escrito de forma coherente (y enviable).

6. Sólo envía mensajes colectivos si tienes permiso.

Piensa dos veces antes de enviar un correo electrónico colectivo. Los correos impersonales se descartan (y desechan) con facilidad. Los correos no solicitados son aún peores; no sólo saturan las cuentas, sino que también degradan el valor de todos los correos electrónicos.

7. Al enviar mensajes colectivos, asegúrate de no revelar las direcciones personales.

Protege la privacidad de todos tus contactos, oculta las direcciones de todos los destinatarios cuando envíes un mensaje a muchas personas. En la mayoría de los sistemas, esto se hace fácilmente colocando las direcciones de correo en el campo marcado "cco" al enviar un mensaje a una lista. (Las reglas de etiqueta de la red también dicen que debes eliminar las direcciones del cuerpo del mensaje.) Obviar esta señal básica de respeto por la privacidad de alguien muestra un grado de desconexión entre tus acciones y sus posibles consecuencias, y podría bloquear el click.

En la única ocasión en que podría ser apropiado dejar las direcciones de todos en un correo colectivo es cuando se trata de un equipo que está trabajando en un proyecto específico, en donde cada miembro necesita estar al tanto de lo que dicen el resto de los integrantes.

8. Cuidado con las bromas.

Una pequeña broma logra mucho. *Siempre y cuando* la otra persona entienda la broma. A menos que conozcas ya el sentido del humor del destinatario, probablemente harás bien evitando las bromas por completo. Siempre piensa con cuidado antes de enviar cualquier ejemplo de la plétora de oportunidades que ofrece internet para divertirse: listas graciosas, alocados videos, imágenes chistosas. Es arriesgado enviar estas cosas a gente que no las ha solicitado. Cada mensaje banal que envíes puede disminuir el valor que asigna el destinatario a los otros mensajes que envíes, así que, si no estás seguro, mejor no lo hagas.

El click en las redes sociales

Las ames o las odies, las redes sociales llegaron para quedarse. Nos permiten construir relaciones con gente a la que de otra manera quizá nunca conoceríamos, y hacer públicas conexiones que de otra manera serían invisibles. Más aún, nos permiten reconectar a través del tiempo y del espacio, y le proporcionan a familias y comunidades un lugar para reunirse, y a potenciales socios comerciales una oportunidad para encontrar y cimentar relaciones de negocios.

Las redes sociales son las nuevas tribus. Para pertenecer hay que registrarse y crear un perfil o una página, y hacer o encontrar "amigos" o "seguidores".

Sea que se trate de Facebook, Twitter, LinkedIn, Plaxo o Ning, o una de las miles de otras redes que se organizan alrededor de una actividad o industria específica, las redes sociales hacen posible conectarse a través de tiempo y espacio, y hacer nuevas conexiones en mucho menos tiempo que antes.

Antes, si querías saber algo sobre un libro o una película, preguntabas a la gente a tu alrededor hasta encontrar a alguien que tuviera una opinión al respecto. En la actualidad, las opiniones abundan, y a la gente le encanta compartirlas. Gracias a las redes sociales, puedes fácilmente encontrar gente con la que discutir tu programa de televisión favorito, compartir fotos de tu viaje más reciente a la selva del Amazonas o ver videos de la obra de teatro de la escuela de tus hijos. Puedes poner las cosas más personales de tu vida en las redes para que todo el mundo las vea. Puedes aprender de las mentes más brillantes. Y puedes ser testigo del sinsentido de las vidas privadas de gente tonta.

Todas las redes sirven para ayudar a la gente a hacer click

El propósito de las redes es acercar a la gente, pero no todas las redes logran esto de la misma forma. Cada red tiene un propósito distinto. Mientras algunas están diseñadas para encontrar pareja, compartir música o servir como apoyo a clientes, otras están diseñadas para mantener conexión social con amigos y construir relaciones. Las redes como LinkedIn, Facebook y MySpace construyeron su fortaleza a través de la expansión. En nuestra extensa sociedad, en que la gente está constantemente en movimiento, las redes en línea convierten el acto de estar en contacto en algo tan simple como apretar un botón del ratón. Pero si prefieres mantener tus contactos cerca, es probable que exista una red en tu área. En donde yo vivo, el periódico local proporciona esa red. O puedes empezar tu propio grupo local en una red más grande, como Ning.com. Ese tipo de redes sociales aprovechan el poder de la publicidad de boca en boca de todo internet, así que son perfectas para candidatos a puestos de elección, para crear la marca de artistas y promocionar eventos.

Está en la naturaleza de estas redes crecer. Si tienes diez amigos y cada uno de tus amigos tiene diez amigos, no pasará mucho tiempo antes de que tengas una red personal de miles de personas que son socios potenciales, fuentes de información local y recursos que podrías necesitar. Aunque por ahora las redes están separadas entre sí, las fronteras entre ellas se están desmoronando de forma rápida. Algún día, en vez de buscar en páginas, podrás buscar gente que cumpla con tus criterios. Cuando tengas algo que vender, publicarás un anuncio y gente que busca ese artículo recibirá la información automáticamente por todas las redes.

Pero aún no llegamos a ese punto. Aún hay algunas barreras técnicas y personales con las que hay que contender. El más importante de los obstáculos personales es que las redes sociales, si bien son más eficientes que los encuentros en persona, requieren una inversión de tiempo, y la mayoría de la gente no tiene tiempo. Hay quien las prueba y las deja cuando se desvanece la novedad. Quienes encuentran provechoso permanecer, aprenderán poco a poco a integrarlas a su rutina diaria y le asignarán sólo un poco de tiempo. Otro problema es que conocer gente en línea no siempre proporciona el mismo conocimiento en la vida real que sí da el contacto personal. Sin indicaciones vocales, nuestra experiencia en línea está configurada por palabras e imágenes, que pueden manipularse para crear fachadas falsas y abrirnos a la posibilidad de recibir aún más mensajes no solicitados.

Para compensar, quienes usan las redes aprenden un código aún en desarrollo para sus comunicaciones escritas. Se señala el mal comportamiento, y a quienes se involucran en él se les aísla, se les deja de seguir y se restringe su participación. Si te señalan como *spammer* (alguien que envía mensajes comerciales no solicitados) o *splogger* (alguien que publica largos y elaborados *posts* en un blog y que comenta sólo para colocar enlaces a empresas comerciales), terminarás solo, odiado e incluso te prohibirán el acceso a las redes.

La democracia en línea

Las redes sociales democratizan las relaciones. Hasta cierto punto, ya no importa el puesto que tengas en una empresa, cuál sea tu edad o tu apariencia o qué tan *cool* seas. La gente en la red tiene menos probabilidades de juzgarte por tus características exteriores, que si te conocen en persona. En cierta forma, tú eres quien dices ser. La gente se representa en las redes como se percibe a sí misma o, quizá aún más importante, como desean ser percibidos. Con frecuencia la gente presume grados académicos falsos, o infla sus currículums para que parezca que un área en la que no tienen mucha experiencia parezca su fuerte, o simplemente se describen como de mayor edad, o menor, o más competentes. Así que es de ayuda que otros te apoyen con referencias y testimonios.

En las redes sociales, gente a la que nunca conocerías en persona o con quien no necesariamente te gustaría pasar tiempo en la vida real se vuelve una valiosa adición a tu red personal, incrementando tu aparente popularidad debido a la red de conexiones que aportan. Cuando yo comento en el *post* de mi socia Kare, mis seguidores y mis conexiones lo ven, y ellos a su vez podrían comentar. Mi comentario se vuelve una presentación entre Kare y algunas personas que de otra forma nunca la habrían conocido.

Con tantos extraños que acceden a tu red, ¿es posible que alguna manzana podrida eche a perder la caja completa? En realidad, no. Es muy fácil eliminar gente, dejar de seguirlos, bloquear sus correos y silenciar su presencia. La gente sólo se queda en tu red si tú estás de acuerdo en tenerla ahí.

Algunas redes, como LinkedIn y Plaxo, están diseñadas específicamente para facilitar los negocios. En este caso, cada conexión que aceptas incrementa el número potencial de socios comerciales y proveedores de servicios a tu disponibilidad, mientras que logran que tus productos y servicios estén disponibles para más y más gente. Si aceptas una conexión con alguien a quien no conoces, es posible que no haya ninguna ventaja inmediata, pero podría suceder que alguien se enterara de tus servicios a través de la red de alguien a quien conoce bien. Yo he recibido propuestas de negocios de esta manera, y siempre es una sorpresa deliciosa.

Tu valor *para* la red está relacionado con el valor *de* tu red. ¡Piensa en ello! Tu red es valiosa hasta el grado en que contiene toda una variedad de personas con muchas habilidades, recursos, contactos, ideas y oportunidades. Suma todos esos valores y tendrás una pequeña comunidad de personas capaces de hacer grandes cosas. Aunque probablemente no todos estén trabajando en las mismas cosas, cada persona por su parte tiene algo que ofrecer a otras comunidades. Entre más gente aportes a través de tus propias conexiones, mayor será el valor para la red en conjunto.

Tu valor *para* la red está relacionado con el valor *de* tu red.

Conectar con gente a la que no conoces, que a su vez está conectada con gente a la que sí conoces, requiere una sutil coreografía. Si pides una solicitud de amistad sin presentarte primero, la persona que busca tener una red de calidad tal vez no aceptará. Si pides hacer negocios con alguien simplemente porque está en tu misma red, es probable que rechacen tu oferta. El simple hecho de que alguien ponga su vida entera en línea en una red social no quiere decir que sea proclive a responder de forma positiva a lo que sea que se le presente en internet.

Así que, en línea o fuera de ella, tienes que construir una red antes de poder hacer gran cosa con ella. Y tanto en línea como fuera de ella, esto comienza con el click. En su nivel más básico, las relaciones se desarrollan de la misma forma. Jeff Hancock, el profesor de comunicaciones de Cornell, demostró esto en un estudio en que se asignó en pares a voluntarios que no se conocían entre sí y se les instruyó para que lograran caerle bien a sus compañeros, a través de una breve conversación por mensajería instantánea. Un grupo de los participantes tenía acceso al perfil de Facebook del otro, mientras que el otro no.

¿A quién crees que le fue mejor? A quienes pudieron usar datos que encontraron en Facebook para hacer preguntas y mencionar información relevante a los intereses de la otra persona. Nos cae bien la gente que se parece a nosotros. Y todos lo sabemos, así que para lograr caerle bien a alguien jugamos esta carta de forma natural. De hecho, entre más usaron los participantes este tipo de preguntas, y entre más mencionaron información pertinente, lograron caerle mejor a los compañeros.

Digamos que yo conozco a Chris, y que Chris conoce a Dave, y que Dave conoce a Alison. Alison es diseñadora gráfica, y yo tengo un documento de mercadotecnia con el que necesito algo de ayuda. Como todos han hecho visibles sus redes, parecería que puedo obviar a Chris y a Dave por completo, y hablar directamente con Alison. A continuación le envío un mensaje a Alison por medio de la red social. "Hola Alison, veo que conoces a Dave, quien es amigo de mi amigo Chris. Vi que eres diseñadora gráfica y he visto parte de tu trabajo, me pregunto si te interesa ayudarme en un trabajo de mercadotecnia". Es probable que tal aproximación tuviera el mismo resultado que tendría en la vida fuera de la red: algunos responderán de forma positiva, otros no. Puede que a Alison le dé curiosidad, o que esté buscando trabajo. O bien, podría estar ocupada y no tener tiempo para un completo extraño. En ese caso, lo sabio sería adoptar la actitud de "Está bien, no importa", y encontrar a alguien más que pudiera interesarse, o bien hacer lo que podrías haber hecho desde el principio y pedirle a Chris que te presente a Dave, y luego a Dave que te presente con Alison.

Sin embargo, podrías incrementar tus probabilidades de tener éxito al tiempo que eliminas los intermediarios si usas el perfil de la otra persona para ayudarte a estructurar un "soborno ético" para llamar su atención. Un soborno ético es una técnica de incentivo común en el mundo en línea y fuera de ella. Cuando Amazon te ofrece envío gratis, se trata de un soborno para que actúes. Cuando la familia de granjeros en el mercado te ofrece una muestra de queso de cabra, es un soborno para que consideres comprar más. Se trata simplemente de darle a la gente un incentivo para que actúe de cierta manera. Y para los propósitos de este ejemplo, esa acción consiste en responder a tu petición de contacto.

Idealmente, lo que ofrezcas no debe costarte mucho, o no costarte, pero tiene un valor para la persona con quien quieres hacer contacto. Podría ser tan sencillo como un enlace o una solicitud de entrevista. Varias personas que conozco que conducen programas de radio me han dicho que comenzaron por querer conocer a gente a la que admiraban. Una petición de entrevista casi siempre recibía una respuesta positiva. La oferta de una entrevista era un soborno ético, porque a la gente a la que admiraban le interesaba la publicidad.

Podrías ofrecer apoyar una causa que le interese a la persona a cambio de un poco de su tiempo, o promover un proyecto que valore. Con frecuencia encontrarás tal información leyendo el perfil de la persona dentro de la red social. "Me llamo Rick Kirschner, y me gustaría escribir para mi blog sobre la buena labor que hace el grupo Open Space que mencionaste. ¿Podemos agendar una llamada telefónica para discutir el tema, y algunas de mis ideas sobre cómo podemos trabajar juntos? Puedes leer mi perfil y conocer más de quién soy en este link. ¿Te interesa? Por favor, manda un mensaje si es así". Por el precio de dar algo de tiempo o información, puedes ofrecer algo que le importe a la persona y tal vez interesarla en algo que a ti te importe.

Por otro lado, quizá te des cuenta de que compartes valores con la otra persona y usar esto como un terreno común sobre el cual explorar si trabajar juntos sería una buena idea. "Trabajé en tal y tal campaña en las elecciones pasadas, y disfruté mucho informarle a la gente sobre asuntos relacionados con el sistema de salud y cómo nos afecta a todos. Si compartes mi visión al respecto, ¿te interesaría la posibilidad de hablar sobre trabajar juntos?", o "Estoy involucrado en el movimiento de conservación del medioambiente y estoy trabajando en un trabajo de mercadotecnia cuya finalidad es educar a la gente sobre esa causa. Si esto es de tu interés, ¿estarías disponible para reunirte conmigo y hablar al respecto?".

Incrementa tus posibilidades de conectar

Además de agregar a alguien como amigo o publicar tus propias actividades, puedes mejorar tu clickabilidad en línea de las maneras siguientes:

- Pide una recomendación.

Un testimonio sobre ti escrito por cualquier persona que no seas tú dice más sobre ti que cualquier cosa que tú pudieras decir. Digamos que Chris ha trabajado conmigo y estima mucho mi trabajo. Puede publicar su opinión en mi página, y cualquiera que vea mi página para averiguar más sobre mí puede ver esa opinión y usarla para forjar una propia.

- Pide una referencia.

Las redes sociales te permiten ver quién conoce a la gente a la que tú conoces. Si quieres hablar con alguien conectado con uno o más de tus contactos, pide a tu contacto que te recomiende con esa persona, sea de forma directa o en tu perfil.

- **Recomienda a alguien más.**

Ve a la página de alguien cuyo negocio te interese apoyar y deja un testimonio sobre el trabajo que hace. Con frecuencia, esto te ganará algo del viejo: "Te ayudo, me ayudas", pero incluso si no ocurre, estarás ganándote algo de buena voluntad con la persona. En mi experiencia, la gente que es generosa en sus recomendaciones también recibe muchas recomendaciones de los demás.

- **Da una referencia.**

Digamos que conoces a un planificador de eventos en una empresa que se beneficiaría del trabajo de Chris. Podrías enviarle un enlace a la página de Chris y decir algo como: "Espero que todo esté bien. ¡Vi esto y pensé que quizá te sería útil!". Esto te da una razón para seguir conectado con tu contacto inicial, al tiempo que ayudas a otra persona de tu red.

- **Haz una nueva conexión.**

Puedes hacer contacto directo con cualquier persona que esté conectada a tu red. Para hacer click con extraños, sigue las reglas de las redes sociales (síguelos) de manera que atraigas en lugar de alejar a tu objetivo. ¡No podrás hacer click si te ignoran!

Cinco reglas para hacer contactos en las redes sociales

El sistema de las redes sociales tiene un atractivo irresistible para la gente que puede ver su potencial. Puede ser tentador simplemente lanzarse de cabeza e intentarlo todo para que las cosas sucedan de prisa. Resiste la tentación. No sólo no es necesario, sino también poco inteligente. Primero tienes que aprender cómo funcionan las cosas. Observa el comportamiento de los demás. Sé cauto con lo que haces, lo que dices y cómo te relacionas con la gente. Desde el momento en que comienzas a conectar con otros, tu historial en línea se volverá parte permanente de tu identidad en la red.

1. No envíes *spam* a tu red.
La forma más rápida de evitar que una conexión suceda es tratar de venderle tus ideas, productos o servicios a gente que no te conoce. Esto se percibirá como lo que es: *spam*. Es mejor hacer click primero y dejar la introducción de tus productos o servicios para más tarde.

Un ejemplo: te inscribes a Ecademy, una red internacional de negocios. Algunos verán que te inscribiste y te saludarán. Algunos verán que eres nuevo en la red y te ofrecerán su ayuda. Algunos, viendo que eres nuevo, te invitarán a inscribirte a un grupo organizado alrededor de un tema relacionado con tu perfil. Todas éstas son oportunidades de hacer click.

Por otro lado, algunos se van directo a vender. No sé tú, pero yo no tengo tiempo o el interés para escuchar a alguien que me quiere vender algo si no lo conozco primero. Todos los negocios son un asunto, primero, de relaciones, y eso quiere decir obtener un click antes de vender lo que sea.

2. No seas un extraño.

Aprende algo antes de decir cualquier cosa. Dile a la gente cómo los encontraste o averigua cómo te encontraron. Haz que la conexión sea interesante. Evita presentaciones genéricas del tipo: "Hola, te encontré y tu currículum me pareció interesante". Sólo los extraños hablan con tanta generalización. Los amigos son más personales y pueden ser más específicos porque comparten valores, contextos y motivaciones. Encuentra un detalle personal alrededor del cual conectar. Todo lo que necesitas saber está en el perfil de la persona.

Considera los ejemplos de dos personas que me contactaron a través de una red de negocios a la que me uní. A ambas les interesaba hacer negocios conmigo, pero una de las presentaciones me picó la curiosidad, mientras que la otra me pareció aburrida.

Hola Rick:

Me interesa contactar contigo. Me dedico a contactar a gente con corporaciones establecidas en Nevada para ayudarlos a poner en marcha negocios al tiempo que logran grandes ahorros en impuestos. Ofrezco varios de mis servicios como vendedora para ayudarlos a continuar el crecimiento de sus negocios.

A la espera de tener noticias tuyas,

Saludos cordiales, Sandy

Y:

Hola Rick,

Mi empresa de consultoría fiscal trabaja con varias compañías que atraviesan momentos de cambio. Leí algunas de las publicaciones en tu

blog y tengo curiosidad de saber tu opinión sobre qué es lo que se requiere para hacer cambios positivos. Supongo que mi pregunta es, en tu negocio, ¿de qué se trata el Arte del Cambio?
Recibe un cordial saludo,

Nadia

En el mensaje de Sandy, su oferta no tenía nada que ver ni conmigo ni con mi negocio, y no me interesaba en absoluto responderle. Al recibir el mensaje de Nadia, quedé intrigado, no era una venta directa, sino curiosidad por saber más de mí. Esto fue una puerta, el inicio de una conversación. Sólo después de intercambiar algunos mensajes en la red social, fue que Nadia sacó el tema de cuál era su línea de trabajo y cómo podía beneficiarme. En ese punto, no me molestó. De hecho, sentí que ella realmente tenía en mente mi propio interés. A muchos les gusta hablar sobre sí mismos y las cosas que les importan. Y si les pides que lo hagan, construirás una conexión.

Sin embargo, tienes que estar consciente de que si tu interés no es genuino, tu intento de conexión no tendrá el mismo efecto. A nadie le gusta sentirse engañado o utilizado. Los negocios se basan en gente que ayuda a otra gente, y la mayor parte de la gente entiende que cuando tienes un negocio, intentarás hacerlo crecer siempre que se presente la oportunidad.

Sólo dentro de una comunicación humana y conectada puede presentarse de forma evidente la oportunidad.

3. Obtendrás tanto como inviertas.
Entre mayor sea tu presencia en línea, mayor será la posibilidad de que obtengas reconocimiento y que hagas conexiones con aliados y amigos valiosos.
Una de las personas que conozco que mejor maneja las redes y los negocios colaborativos es Kare Anderson, del Centro Say it Better, en San Francisco. Kare postea de forma regular recursos, historias y sugerencias en sus páginas de LinkedIn y Facebook. Participa. Se ha convertido a sí misma en un valioso recurso en línea, y cuando la gente entra a checar sus páginas personales, me da la impresión de que varios entran poco después a las páginas de Kare.

4. En lugar de pedir algo, ofrece algo.
Y aquí no estoy hablando de una muestra gratis. Hazle saber a la red qué es lo que puedes aportar, sea tu conocimiento, alguna habilidad o tus conexiones. Agrégalo a tu perfil. Escribe un artículo al respecto. Así lograrás que lo que hay de valor en ti para tu red esté también disponible para la red mayor.

5. Tómalo con calma.

Hacer redes en línea lleva tiempo. Apresurarte a hacer conexiones y exigir gratificación instantánea es molesto y añade presión a un mundo ya a punto de explotar. La comunicación electrónica sucede a la velocidad de los electrones, pero los seres humanos no nos movemos tan rápido a la hora de construir relaciones.

Piensa en el tiempo como tu aliado. Toma tanto como necesites para construir una verdadera conexión, antes de intentar que alguien haga click con tu negocio o con tu idea.

La tecnología ha creado una verdadera red mundial, conectándonos de formas inimaginables en un pasado no tan remoto. El uso cuidadoso de los hilos que nos unen apoya y fortalece no sólo las conexiones persona a persona, sino también las fuerzas que nos mantienen juntos. *Click.*

CAPÍTULO 8

Detección y resolución de problemas

Sea que se trate de un gerente que hace menos a un empleado, un padre que le grita a su hijo o dos extraños que se comportan de forma mezquina y se enfrentan por un asunto que no tiene importancia, el mal comportamiento es el mayor obstáculo para las buenas relaciones. Ya perdí la cuenta de cuántos correos electrónicos y preguntas he recibido por parte de gente que está desesperada y quiere saber qué hacer cuando la atacan los problemas y los sentimientos negativos toman el lugar de las interacciones positivas. Como el siguiente ejemplo:

Apreciable Dr. K,

Estoy teniendo muchos problemas con un asesor en mi lugar de trabajo. Le encanta tener el control, y amenaza a la gente con la posibilidad de hacerlo enojar. Se la pasa acusando a los demás, es pretencioso, condescendiente, regañón y para colmo, se la pasa quejándose y chantajeando emocionalmente a los demás. Todo debe estar de acuerdo con su plan antes de que logremos avanzar. Aporta muy poco. Es bueno en la parte organizacional de su trabajo, y trabaja muy bien en equipo siempre y cuando él sea el líder. Cree que siempre está a cargo de las cosas, aunque no sea así, pero con frecuencia se hace del control al actuar como si fuera un experto. ¿Alguna sugerencia?

George

Cuando el click no sucede, es tiempo de detectar y solucionar los problemas. Identifica qué está ocurriendo, cómo estás reaccionando a ello y qué podría cambiar las cosas. Aprovecha esta oportunidad para convertir los problemas personales en relaciones personales.

Convertir los problemas personales en relaciones personales.

Los conflictos más comunes que vuelven el click imposible caen dentro de una de cinco categorías:

* Opiniones muy firmes, cuando la gente que no está de acuerdo entre sí se empecina en defender sus diferencias.
* Entrometimiento, cuando una persona se entromete en los asuntos de alguien más.
* Chismes, cuando una persona habla de forma poco halagadora sobre otra y los comentarios llegan a oídos de la persona en cuestión.
* Críticas destructivas, cuando el señalamiento de defectos y fallas personales le permite a una persona sentirse superior a otra.
* Sarcasmo, cuando comentarios hirientes se enmascaran detrás de sonrisas y declaraciones aparentemente inocuas.

Regla #1: No es contra ti.

Las relaciones son personales, pero el mal comportamiento no. El problema real comienza cuando tratas el mal comportamiento como algo personal.

Cuando el comportamiento negativo se dirige en tu contra, recuerda que *no es contra ti.* Con más frecuencia de lo que parece, el problema *es* que la otra persona está estresada y carece de los recursos para lidiar eficazmente con alguna circunstancia de su propia vida.

Las críticas son un ejemplo clásico. Cuando alguien comienza a señalar tus defectos y ponerlos como ejemplo de fallas internas más profundas, casi siempre puedes achacarlo a una de dos cosas: o está de mal humor y por casualidad te pusiste en su camino, o le disgusta algo que tú haces y que él mismo está haciendo sin darse cuenta (como hablar demasiado, no escuchar a los demás y cosas por el estilo).

Aprovecha esta oportunidad para aprender de la otra persona. Pon atención para detectar preocupaciones reales o hacer una evaluación de la situación general. Es vital que sepas distinguir entre comportamiento difícil y la persona que lo está llevando a cabo. Podrás encontrar una forma más fácil de hacer click. Con cualquiera.

Regla #2: Pregúntate si *podría ser* contra ti.

Aceptémoslo, a veces sí lo es. Como leemos en la carta de George, lo que tú hagas podría iniciar un incendio o alimentar las llamas. En vez de centrar toda tu atención en lo que la otra persona está haciendo mal, trata de ver qué estás haciendo tú que podría estar empeorando la situación. Aceptar la responsabilidad de un problema puede ser la solución más proactiva.

Cuestiona todos los supuestos que hayas aplicado a la otra persona y pregúntate si son exactos. Por ejemplo, ¿cómo sabes que al otro "le encanta tener el control"? Si crees que alguien es irrespetuoso, ¿en qué basas esta idea? ¿Podría significar algo más? Asignar culpas con frecuencia se relaciona con proyectarse. Lo que te está ocasionando frustración podría ser algo que necesitas cambiar internamente. Una buena idea es observar cómo lo que dices, piensas y crees sobre los demás podría en realidad ser cierto sobre ti.

Pregúntate qué quieres. Éste es el momento de identificar el resultado que deseas o cómo quieres afectar la relación en esta situación específica. Es imposible resolver un problema si sólo sabes lo que no quieres. Luego, considera cómo quieres responder a este comportamiento, qué quieres decirte a ti mismo al respecto que te anime a hacer algo en lugar de desanimarte, qué quieres sentir hacia la persona durante tus interacciones con ella.

Cuando George, que me había escrito sobre sus problemas con el asesor, aplicó estos principios, pudo resolver el problema. Una semana después me envió otra carta:

Apreciable Dr. K,

Pues, todo se ha salvado. Tuve una excelente conversación con mi colega, lo que al final resultó en parte en mi aceptación de la manera en que estaba contribuyendo al problema inicial, y en que él reconoció lo inapropiado de su respuesta. Todo está bien.

Pero más aún. Animado por su sugerencia, traté de averiguar qué era lo que me había molestado de esta confrontación. Y a raíz de ello aprendí una enorme lección sobre mi tendencia personal a tomar una postura fija y defenderla. Afortunadamente, es un problema con solución. Así que gracias. Desde aquí puedo continuar solo.

George

Ocho maneras de resolver problemas con posturas

Una postura es una opinión expresada como un hecho. Todo el mundo tiene ciertas posturas y cuando alguien defiende la suya con demasiada intensidad, es extremadamente difícil crear un click. Aun cuando dichas posturas son de la mayor importancia, hay varias opciones que puedes usar para romper la inercia del punto muerto e incluso llegar al click.

1. Reconocer su importancia.
Algunas personas defienden sus posturas porque los hacen sentirse importantes. Reconocer la importancia de la postura de alguien mostrará que estás reconociendo la importancia *de la persona*. "Me doy cuenta de que esto te importa muchísimo", "Me doy cuenta de que esto es algo que te preocupa", "Es claro que has pasado mucho tiempo pensando en esto". La gente estará mucho más dispuesta a tratar de resolver un problema si se siente apreciada.

2. Encuentra una manera de estar de acuerdo.
Una de las formas más sencillas de estar de acuerdo con alguien es desglosar un desacuerdo en partes más pequeñas. Encuentra puntos en los cuales puedan concordar. Reducir el área de discordia tiene el efecto inverso de incrementar las áreas de acuerdo.

Esto es precisamente lo que una de mis clientes hizo cuando la junta directiva en la que trabajaba estaba enfrascada en un desacuerdo sobre si continuar o no una relación oficial con otra organización. Betsy decidió reducir las diferencias entre los miembros de la junta al delinear explícitamente las áreas de acuerdo, e identificar los componentes del desacuerdo que no tenían relevancia. Con la guía de Betsy, los miembros de la junta se dieron cuenta de que todos estaban de acuerdo en que la labor de la otra organización era valiosa, y que su propia organización necesitaba trabajar de forma eficiente en terrenos similares. A partir de ahí, fue mucho más fácil y menos abrumador hablar sobre cómo unir fuerzas para lograr sus objetivos y trabajar para llegar a una decisión conjunta.

3. Responde favorablemente al hecho de que se expresen las diferencias.
Aunque estés en desacuerdo con una postura dada, quizá podrás llegar a un acuerdo al simplemente reconocer la disposición de la otra parte de expresar su postura: "Aunque no estoy de acuerdo con lo que dices, me alegra que lo expresaras. Necesitamos resolver esto". Habla de forma directa y respetuosa, y a cambio serás respetado por asumir *tu* postura. Esto es especialmente efectivo cuando alguien ha tomado una postura firme porque nadie más lo

ha hecho, y se siente compelido a tratar el punto. ("Ya que nadie más va a decirlo, ¡yo lo haré!")

4. No des marcha atrás.

Para alguien que defiende una postura firme, verte dar marcha atrás podría ser una señal de debilidad. El mensaje que estás enviando es que te sientes intimidado, cosa que no te ganará el favor de nadie, o que no tienes el valor de defender tus convicciones, lo que demerita el valor de cualquier otra cosa que digas. Harás mejor simplemente con mantener tu postura. Éste no es el momento adecuado para avanzar, pero deberás permanecer donde estás mientras escuchas lo que la otra persona tiene que decir y mientras des tu respuesta. Esto expresa un deseo de igualdad mutua e impone respeto.

5. No te dejes atrapar en una discusión.

Las discusiones dificultan aún más el click. Fomentar un diálogo es una manera de armonizar que te ayudará a hacer click con una persona que disfruta el toma y daca. Ten cuidado al defender fuertemente tu propia postura. Si te muestras demasiado a la defensiva, crearás un *impasse*.

Si sientes la necesidad de expresarte, pregunta si la otra persona está interesada en tu opinión. "Creo que hay algo que no he expresado con claridad. ¿Querrías escucharme?" Abrirte a sus opiniones demuestra que te importa.

6. Compra algo de tiempo.

Cuando no tengas una razón de peso para responder a una postura firme de inmediato, lo mejor que puedes hacer es pedir un poco de tiempo. Dale tiempo a la persona de reconsiderar o descubrir un error en su propia forma de pensar. Aún más importante: con tiempo podrías averiguar algo más antes de volver a hablar del tema, lo que te ayudará a tener una interacción más positiva.

Discutir por discutir

Algunas personas expresan posturas firmes porque están buscando enzarzarse en una buena discusión.

Marvin es, como él mismo dice, un testarudo HDP. No le avergüenza en lo más mínimo que la gente se arredre cuando se enoja. Los contados valientes que le contestan rápidamente son silenciados a gritos. Cuando Marvin habla, habla con *certeza*, ¡sea que sepa de qué está hablando o no!

Bill trabajaba en la misma oficina que Marvin, y sus caminos se cruzaban con frecuencia. A pesar del comportamiento de Marvin, Bill honestamente veía en él cosas que le gustaban mucho: decía lo que opinaba, y siempre y sobre todas las cosas era directo. Le gustaba que podía contar con que Marvin le dijera la verdad desnuda. Pero la mayor parte de las ocasiones sus interacciones constituían desacuerdos, argumentos y contraargumentos. Bill decidió que la única manera de relacionarse con Marvin era apelar a su naturaleza argumentativa.

Marvin había sido usuario de PC durante años, sabía mucho de programación y odiaba todo lo relacionado con Apple. Bill era fan de Apple y, como la mayoría de los fans de Apple, no podía comprender que nadie en su sano juicio prefiriera una PC.

Siempre que Marvin decía algo insultante, degradante o malintencionado sobre Bill y su amor por las Mac, Bill discutía un poco, sólo para darle a Marvin el placer de enfrascarse en una batalla. Pero Bill nunca lo hacía por *ganar*, sólo lo usaba para permanecer en el juego.

Después de un par de *rounds*, Bill decía: "Bueno, quizá tengas razón, el tiempo dirá". Y realmente lo pensaba así. Pensaba que con el tiempo la tecnología llegaría a su madurez y los datos duros hablarían por sí mismos. A partir de ese momento, se rehusaba a hablar del asunto. Hasta la siguiente vez que Marvin trataba de pelear de nuevo.

Un día, los hijos de Marvin lo convencieron de comprar un iPod. No pasó mucho tiempo antes de que comenzara a apreciar lo bien que funcionaba. Pronto comenzó a hablar con Bill de la excelente obra de tecnología que era y cómo lo había cambiado todo para él. Bill lo dejaba decir, simplemente asentía y disfrutaba en silencio su victoria. Cuando Apple lanzó una nueva computadora, Marvin decía entre dientes: "Bueno, tengo que admitir que está bastante bien". Había tomado tiempo, pero Bill y Marvin desarrollaron un nuevo hábito de reírse, hablar y disfrutar una relación honesta y directa. *Click*.

7. Obtén más información.

Asume que no sabes lo que en realidad quiere decir la persona con estas opiniones o por qué su postura es importante para ella. Más bien, pídele que te diga más al respecto, no de forma general, sino específica. Averigua todo lo que puedas sobre su postura usando tus habilidades de escucha. Indaga cuáles son los valores que hacen que la postura de alguien sea importante, reconócelos y habla sobre cómo los compartes, de ser así. Descubre sus motivos para adoptar esta postura y apela a ellos en tu respuesta.

Una visión fresca

Eddie estaba haciendo enloquecer a su equipo. Apasionado y de opiniones firmes, siempre que se sentía frustrado tenía el mal hábito de desquitarse con quienquiera que no estuviera de acuerdo con sus posturas. La situación se deterioró al punto en que el comportamiento de todos se volvió cada vez más automático e infructuoso.

Cuando asignaron a Margy al equipo, no pasó mucho tiempo antes que observara el comportamiento de Eddie de primera mano. Pronto le pareció evidente, quizá porque acababa de llegar a la situación, que los enojos de Eddie estaban relacionados con que él mismo se acorralaba con sus posturas inflexibles. También se dio cuenta de que sus otros compañeros de equipo lo único que hacían era alimentar su frustración gritándole o aislándolo.

La siguiente vez que Eddie comenzó a perder el control durante una junta, Margy estaba lista para intervenir. Cuando él gritó: "¡No me están oyendo! Este plan es un error garrafal, y no toma en cuenta...", ella lo interrumpió con: "Eddie, ayúdame a entender lo que estás diciendo. Quizá estás viendo algo que yo no, pero no soy la única. Ayúdame un poco". Entre más preguntas hacía ella, más tranquilo se quedaba él. Y al final, resultó que algo de lo que él decía en realidad tenía mucho sentido cuando podía expresarlo tranquilamente. Y Eddie, ya con el cerebro conectado a la boca, se mostró receptivo cuando Margy ofreció sus propias ideas, que podían sumarse a su idea o cambiarla para mejorar.

Eddie respondió a la oportunidad de exponer su postura por completo. Pudo aprender más sobre su propia postura al exponerla frente a un público receptivo, y el equipo aprendió del ejemplo de Margy qué era lo que necesitaban hacer para lidiar con él. *Click*.

8. Involucra a otros.

Cuando una postura suena como un ataque personal, trata de despersonalizarlo. Trae a otras personas a la conversación. No es insólito que otra persona vea o escuche algo que a ti se te escapa. Al invitar a otras personas al diálogo, incrementas las posibilidades de obtener información útil, al mismo tiempo que disminuyes el posible impacto de la postura.

Cuatro maneras de lidiar con los problemas que ocasionan las críticas

Si eres como la mayoría de las personas, odias que te critiquen. Y, al igual que la mayoría de las personas, probablemente tienes una reacción visceral inmediata siempre que alguien te critica, especialmente cuando sabes que la persona está equivocada. El problema es que eso no te ayudará a hacer click. Mejor intenta aplicar estas estrategias.

1. Ayuda al otro a criticarte.
Lo mejor que puedes hacer cuando alguien más comienza a criticarte es ayudarlo. Interrógalo. Obtén información, pídele que sea tan específico como pueda.

Sé que esto suena ilógico, pero funciona. Sólo hay tres razones por las que alguien critica a otros: tiene una retroalimentación legítima que darte, está teniendo un mal día y te cruzaste en su camino, o sabe que lo odias y lo hace para obtener una reacción de tu parte.

En todos los casos, el mismo enfoque puede desactivar la crítica. En el primer ejemplo, en que alguien tiene un mensaje honesto que darte, preguntarle más cosas le permitirá ser honesto contigo y a ti te permitirá obtener información útil. Digamos, por ejemplo, que tu jefe te dice que tu propuesta no está bien organizada. Pídele detalles y agradécele la crítica. Toma lo que te diga y aplícalo para mejorar tu desempeño en la siguiente propuesta que tengas que escribir.

En el segundo escenario, en que alguien simplemente está teniendo un mal día, puede ser que la crítica no tenga nada que ver contigo. Pídele que te platique sobre el terrible día que está pasando, y qué fue lo que lo causó, y esto podría ayudarlo a darse cuenta de que lo que lo está molestando no es tu culpa. Puede que incluso se disculpe. Si tu colega te acusa de que no te importa su trabajo o el proyecto que tienen en conjunto, resiste el impulso de defenderte. Pídele que te ayude a entender su punto. Tu pregunta demostrará que sí te importa. Pero en cualquier situación similar pedir detalles proporciona un momento de reflexión, y bien podrías oír algo como: "Bueno, no eres tú realmente, ¡estoy teniendo uno de esos días!".

Por último, si alguien está simplemente tratando de molestarte, el que tú intentes obtener información le quitará la diversión a criticarte, y la persona dejará de hacerlo o se buscará a alguien más para provocarlo. Si tu cliente dice que parece que te gusta hacer las cosas de la manera más complicada, aun cuando las cosas han marchado a paso normal, pregunta: "¿Y cuál es esa forma complicada?". Cualquiera que sea su respuesta, pide más detalles, hasta que el cliente se dé cuenta de que no caerás en el juego y se dé por vencido. No necesariamente harás click con la persona, pero al menos evitarás las críticas. Y podrías poner en marcha un click con cualquier persona que esté presente y quede impresionada por tu manera tan fría de manejar una situación candente.

2. Da las gracias.
Escucha las críticas y di: "Gracias". Agradece la honestidad, el que te hayan llamado la atención al asunto o simplemente el que se hayan preocupado. Luego, déjalo pasar.

Cuando te defiendes contra las críticas inmerecidas das la impresión de ser más culpable que si no hubieras dicho nada. Voltea el juego, demuestra un comportamiento civilizado y resalta tu capacidad de ser respetuoso y diplomático. Esto detiene las críticas de origen, y tiene el beneficio adicional de que disminuye las probabilidades de que vuelvas a ser blanco de las críticas en el futuro.

3. Acepta lo que hay de válido en las críticas.
En ocasiones, las críticas son una fea envoltura que esconde un valioso regalo. Aunque sea un regalo difícil de recibir, es tu mejor opción si quieres construir una relación valiosa y mejorar lo que sea que requiera mejorarse.

Haz que la gente sepa que escuchaste la porción válida de la crítica con una disculpa. Tu disculpa debe venir del corazón y no incluir condiciones. En vez de decir: "Me disculpo, pero tenía mis razones", lo cual la convierte en algo que suena a excusa, todo lo que tienes que decir es: "Siento mucho cómo te ha afectado esto". Podrás descubrir que su oferta recíproca de perdón es una puerta para la conexión.

En una fiesta de disfraces de una empresa, me pidieron que anunciara los premios al mejor disfraz, el peor disfraz, etc. Justo antes de subir al escenario, el vicepresidente me pidió que diera un premio que no estaba anunciado para el disfraz "más sexy", y me dijo a quién tenía que dárselo. Hice lo que me pidieron y no lo pensé más.

Pero al final del evento se me acercó una de las asistentes, que estaba muy ofendida. Me acusó de ser insensible y burdo, y me dijo toda suerte de insultos. Yo, por supuesto, me defendí, porque sólo había hecho lo que me habían pedido que hiciera. Traté de decirle mi versión, pero ella no me escuchó.

No fue sino hasta después que me di cuenta de que simple y sencillamente debí haber contestado: "Es evidente que te ofendí. Y lo lamento profundamente. No fue mi intención. Gracias por decirme cómo te sientes".

En el desayuno del día siguiente la busqué, con esta nueva actitud mejorada. Me le acerqué de frente y me disculpé. "Fuiste honesta conmigo sobre algo y yo no te escuché. Me disculpo por ello y por haberte ofendido también. Espero que me des otra oportunidad". Cuando comenzaba a alejarme, me detuvo: "Ya lo superé, pero significa mucho para mí que entiendas cómo me siento. Gracias". *Click.*

4. Pide una nueva evaluación.
A nadie le gusta escuchar opiniones negativas sobre sí mismo, pero no todos los comentarios negativos tienen que ser fuente de problemas. No tiene nada de malo que alguien haga una evaluación objetiva de tu desempeño. De hecho, la prudencia te puede ahorrar mucho tiempo, dinero, energía e insensatez en las relaciones. La retroalimentación es de mucha ayuda para cualquier persona que quiera mejorar.

Los problemas comienzan cuando alguien empieza a expresar opiniones negativas sobre cómo tú no has logrado alcanzar algún estándar no establecido o explícito de perfección. Una persona muy criticona puede darte una opinión sobre ti que tú nunca pediste, mandarte callar si tratas de argumentar en tu defensa, o desestimar tu caso incluso antes de que hayas tenido la oportunidad de presentarlo.

Es natural tratar de evitar enfrentarse, o cruzarse, con gente que hace esto. ¿Quién quiere ser juzgado, o que se cuestionen sus motivos, y para colmo ser ignorado?

Si no dices nada, creas la impresión de que la persona debe tener razón porque no tienes ninguna defensa. Y si te defiendes, pareces aceptar tu culpa.

Te presento una mejor opción: haz acopio de valor, haz algunas preguntas, agradécele su "retroalimentación" y pregúntale qué sería necesario que hicieras para que cambiara su opinión sobre ti. Al pedirle que vuelva a juzgarte, cambias la dinámica de la relación. Recapitula lo que diga, dale la evidencia que dice necesitar para cambiar su opinión, y caso cerrado. Ése es el momento del click.

Dos meses atrás, Joan atravesó una crisis personal que la distrajo gravemente de sus labores en la oficina. No le dijo a nadie lo que había sucedido e hizo lo mejor que pudo para mantener el ritmo con sus proyectos, pero las cosas se salieron de control y terminó quedando mal con algunas personas, entre ellas John. Cuando su vida se normalizó, ofreció disculpas a todos, pero el recuerdo de su comportamiento errático permaneció. John la acusó de que no le importaba su trabajo. Joan protestó: "¡Claro que me importa!". John le dijo a Joan directamente lo que él necesitaba para creerle. "Cuando vea que cumples de vez en cuando, te creeré que te importa". Joan, al darse cuenta de que la mejor opción no era defenderse, sino averiguar qué era lo que John no estaba viendo, respondió: "¿Dices que necesitas ver que cumplo de vez en cuando? Dime qué tan seguido, para que yo sepa qué necesito para cambiar tu opinión sobre mí". John respondió: "¿Qué te parece que todo el mes que sigue llegas a tiempo y no te vas hasta haber terminado?". Y Joan le contestó: "¡Trato hecho! Comienza a contar desde mañana, porque verás que llegaré a tiempo y no me iré hasta haber terminado".

A partir de ese momento, Joan sólo necesitaba asegurarse de que John estuviera pendiente de la hora a la que llegaba y de que se iba sólo tras haber terminado. A final de mes, le dijo: "John, dijiste que cambiarías de opinión si veías ciertas cosas. Bueno, ya las viste. ¿Estamos en paz ahora?". Y John le contestó: "Joan, estoy impresionado. Es bueno saber que puedo contar contigo". *Click*.

Cinco maneras de lidiar con los problemas que ocasionan los chismes

Si alguien dice un chisme sobre ti, esto puede interferir con tu capacidad de hacer click no sólo con la fuente del chisme, sino con otros involucrados en él. Para controlar el daño, es necesario que acabes con el comportamiento y construyas una conexión. Crearás una oportunidad de desarrollar la relación al tiempo que cortas el problema de raíz.

1. Pídele a tu fuente que te dé detalles.
Cuando alguien se te acerque a decirte que alguien más está hablando mal de ti, averigua todo lo que puedas al respecto. Entre más sepas sobre quién y qué es lo que se dice, mejor podrás enfrentarte con el problema. Los comentarios vagos no dicen más que cómo se siente la gente.

2. Pregúntale a la persona que originó el chisme si es verdad que ha estado hablando de ti.
Si tu fuente es confiable, dirígete a la persona que está hablando de ti —o que te han dicho que está hablando de ti— para hablar del asunto cara a cara. "Escuché que has estado diciendo tal y cual cosa sobre mí. ¿Es verdad?" El chisme es un comportamiento subrepticio, y sólo funciona si permanece escondido. No es probable que obtengas una confesión, pero no la necesitas. Lo que harás será sacar a la luz, al menos de forma parcial, algo que estaba escondido, eso hará que el chismoso te preste toda su atención y te dará la oportunidad de cambiar la dinámica de la relación. Continúa haciéndolo y el chismoso, incómodo por los reflectores, cesará en su comportamiento.

3. No dejes que cambie el tema
"¿Quién te dijo eso?" es la respuesta típica del chismoso cuando se le confronta. No dejes que se salga del tema. Vuelve a hacer la pregunta original.

"En realidad la pregunta no es quién me dijo. La pregunta es: ¿Es verdad? ¿Estás diciendo estas cosas sobre mí?"

Sea verdad o no, es probable que niegue la acusación. Pero no importa, lo que importa es que estás demostrando que quieres sacar a la luz el potencial problema en vez de dejarlo crecer y empeorar en la oscuridad. Si lo niega, agradécele su tiempo y discúlpate por hacerle perder el tiempo. Pero ya que tienes toda su atención...

4. Usa la interacción para conocerse mejor.
Es difícil que alguien hable mal de ti cuando compartes algo sobre ti mismo y muestras interés en la persona.

5. Planea la siguiente vez.
Dile que puede hablar contigo. Invítalo a acercarse y decirte las cosas de frente la próxima vez que quiera decir algo sobre ti. Preséntalo como la opción más honorable y valiente, y algo que reflejará el tipo de persona que tú sabes que es.

Cortar de tajo con el chisme conduce al click, y el click disminuye las posibilidades de que se hagan chismes.

Seis maneras de desactivar a un entrometido

Cuando alguien interfiere en tus asuntos personales, es posible que no tengas ningún interés en hacer click con esa persona. Pero ¿qué pasaría si pudieras evitar que se entrometiera en tu vida y comenzar a hacer click con ella al mismo tiempo?

1. Entiende lo que le hace tan difícil de complacer.
Quizá esa persona tiene expectativas poco realistas sobre ti, y cuando tú no alcanzas su estándar de perfección o desempeño se siente impelida a meterse. Quizá está intentando evitar que cometas sus errores. Y quizás —esto es lo más común en realidad— simplemente tiene demasiado tiempo en sus manos. Si puedes determinar sus motivos para entrometerse, quizá podrás tratarlos directamente e impedir la interferencia.

2. No le digas que se equivoca.
Sólo lograrás ponerla a la defensiva y reforzarás su impulso de interferir.

3. Recíbelo como un regalo.
Cuando se entrometa, en vez de pelear o tratar de corregir su comportamiento, aprecia las intenciones que la motivan. Sí, sé que es más fácil decirlo

que hacerlo. Pero piensa en esto: ¿no es mejor que se preocupe por ti a que no le importes en absoluto? Si fuera un regalo, ¿qué dirías? Dirías: "Gracias por preocuparte". Y ése es justo el tono perfecto para hacer click con alguien que se ocupa de tus asuntos en lugar de los suyos.

4. Dale algo que hacer.
Si una persona está determinada a involucrarse en tu vida o tu trabajo, ¿por qué negarle el placer que tanto anhela? En cualquier caso, puedes tomar el control de su comportamiento en lugar de estar a la merced de éste. Ya que se está metiendo, dale una tarea específica en que su interferencia sea un beneficio. Por ejemplo, pídele que esté al pendiente de cierto problema, asígnale la tarea de monitorear el progreso de algo o pídele que verifique un detalle específico. La idea es que le des algo que hacer y que esa cosa la mantenga distraída de todo lo demás. Se sentirá involucrada y tú ganarás la libertad de concentrarte y hacer el resto. *Click*.

5. Interroga al interrogador.
Es difícil hacer click con alguien que te interroga, pero hay una manera sencilla de voltear el juego y crear un click. Si te das cuenta de que alguien te hace demasiadas preguntas, hazle preguntas sobre *sus* preguntas. Pregunta qué es lo que significan sus preguntas. Pregunta a dónde quiere llegar con estas preguntas, o qué hay detrás de ellas. Al mostrarte fascinado y curioso por la curiosidad desagradable de alguien, podrás terminar con el comportamiento y reemplazarlo por un click.

6. Prepárate para responder.
Cuando alguien es predecible, puedes planear cómo responder. Ten a mano una respuesta que te permita desviar de forma exitosa la pregunta sin rechazar a quien la hizo.

Esto es lo que Macile hizo cuando se hartó de que su tía la molestara constantemente con que cuándo se casaría y sentaría cabeza. La siguiente vez que la tía metió su cuchara, Macile respondió: "Estoy esperando encontrar a alguien que me ame de la forma en que te ama el tío Rod, y a quien pueda amar tanto como tú lo amas a él", sabiendo bien que su tía no era precisamente feliz con su esposo. La tía de inmediato cambió su tono. "Escúchame, hija", le dijo. "No te apresures a hacer algo que no sea lo indicado. Es mejor que seas feliz". Ésa fue la última vez que su tía le preguntó sobre el matrimonio. A partir de entonces la pregunta fue: "¿Eres feliz?". Y Macile era feliz. Ya no tenía que contestar la otra pregunta, y ella y su tía habían alcanzado un nuevo nivel de entendimiento. *Click*.

Tres maneras de lidiar con el sarcasmo

El sarcasmo requiere una mente ágil. Para la persona que aprecia una mente ágil, el click funciona perfecto. Para quien no encuentra la gracia en ello, sin embargo, es la antítesis del click.

Algunas personas utilizan el sarcasmo cuando creen que la gente que las rodea se toma demasiado en serio, pero también pueden usar este tono en sus comentarios para desviar la atención de cosas que quieren evitar que sean tomadas en serio. El sarcasmo también puede ser una manera de atacar a alguien, una forma de mezclar humor y hostilidad para restar valor a la opinión de otros. Usado así es una forma de agresión y puede tener la implicación de que el usuario no está muy seguro de qué pensar sobre ti. Si tomas el comentario en serio y te ofendes, o si lo que están insinuando resulta no ser cierto, dirán que lo malinterpretaste.

1. Ríete de ti mismo.
Si alguien te provoca, ríete con la persona. Si parece que te está provocando para discutir, di: "¡Ésa puede ser una forma de verlo!". Si se burla de algo que dijiste, di: "Sí, supongo que *es* medio chistoso". Cuando el humor es inofensivo, tratarlo de esa manera te proporcionará el click. Y si no lo es, esto desactiva la intención de dañar.

2. Tómatelo en serio.
Invierte la intención del sarcasmo al tomarlo en serio. En general, la persona que usa el sarcasmo detectará el sarcasmo en la respuesta si haces una interpretación literal de sus comentarios. Si te dice: "Quisiera poder bajar mi IQ para poder tener una conversación seria contigo", tú puedes decir: "Yo también, esto debe ser difícil para ti". Resonancia por medio de la armonía. *Click*.

3. Devuelve el sarcasmo de forma amistosa.
A veces, la mejor defensiva es una buena ofensiva. Si sabes lo que te espera, jugar el juego hasta el final puede darte el mejor de los clicks.

Esto puede querer decir que tendrás que trabajar en tu material con anticipación. El enfoque más sencillo es mirar a la persona sarcástica directamente a los ojos y preguntar: "¿De verdad?" a todo lo que te diga. Y esperar la repuesta. Repite lo mismo cada vez que te diga algo sarcástico.

Hace años una de mis clientes me ofreció cortes de pelo gratis para el resto de la vida. Siempre que llegaba a su salón de belleza, me pasaba primero a mí. Me encantaba saber que podía cortarme el pelo de forma rápida y fácil, una cosa menos que hacer en la larga lista de "cosas por hacer" en la vida.

El problema era que nunca presté atención al efecto que este arreglo tenía entre la gente que esperaba pacientemente su turno cuando yo llegaba. No hacía nada de click con ellos, eso es seguro. Y ni cuenta me daba. Hasta el día en que otra empleada, Lucy, habló mientras yo me dirigía al sillón de corte: "¡Wow, qué bien debe sentirse no tener que esperar tu turno como el resto de la gente!". Entonces me di cuenta. Y quería devolver el sarcasmo.

Vi a Lucy a los ojos y dije: "¿De verdad?".

"Sí, no sé quién te enseñó modales, pero debería pedir un rembolso."

Y me reí. Luego volví a decir: "¿De verdad?".

Entonces *ella se rió*. Y con eso, su último intento no tan velado por acusarme de no esperar mi turno. "Uno pensaría que a tu mamá se le habría ocurrido educarte".

"¿De verdad?", pregunté.

"Sí, de verdad."

Al irme acercando a la estación de trabajo de mi amiga, dije una vez más, lenta y sarcásticamente: "¡De verdad!".

A partir de ese día me volví amigo de Lucy. Cuando me veía en la calle nos deteníamos a platicar. O en el salón, donde siempre señalaba a la silla: "Ahí te esperan".

Click.

Lidiar con los comportamientos más problemáticos que interfieren con el click puede requerir algo de práctica de tu parte, algo de gimnasia mental para lograr sentirte cómodo al lidiar de estas formas con la gente. Pero cuando lo haces, sin importar el comportamiento negativo que interfiera con una relación positiva, te descubrirás haciendo click con gente que nunca pensaste que fuera posible.

CAPÍTULO 9

La zona del click

Hacer click con tu idea

Una vez que alguien te entiende, el siguiente nivel del click es lograr que entienda tus buenas ideas.

Toda invención humana, cada migaja de progreso, comenzó como una idea. Probablemente en el transcurso de tu vida hayas tenido algunas buenas ideas que fueron malinterpretadas o descartadas. Es probable que el problema estribara no en la idea misma, sino en su presentación. Esto es una verdadera pena, porque quizá llegaste a la conclusión de que la idea no era tan buena después de todo. Para lograr que la gente haga click con tus ideas, tienes que aprender cómo recibe la gente la información; así, podrás organizar y presentar la información de forma que puedas transmitirla de la manera más provechosa.

Cuando sabes cómo hacer que la gente haga click con tus ideas, tu influencia crece junto con el impacto que dejas; le importas a más gente, y esto te da aún más oportunidades para hacer click.

Deja que la gente juegue un papel en el desarrollo de tu idea. Involucrar a otros puede conducir a importantes afinaciones que volverán tu idea más factible. Además del beneficio adicional de que, cuando la gente forma parte de algo, sienten parte de los beneficios de su éxito. No tienes que seguir todas las indicaciones que otros sugieran, para eso está el pensamiento crítico, pero deberás estar abierto a la discusión y la exploración.

Ésta es una prueba

Tu mente pone a prueba todo lo que recibe, sea una opinión, datos duros, información potencialmente relevante o una idea, por medio de someterla a una serie de filtros (tus necesidades, tus motivos y tus valores). Lo que al final aceptas, lo que pasa la prueba de esos filtros, llega a lo que yo llamo "la zona del click". Desde ahí, puede utilizarse para informar, transformar y moverte a actuar.

Entre mejor comprendas qué es lo que te mueve, entre mejor comprendas cómo pones atención, mayores posibilidades tendrás a la hora de decidir qué hacer con la información que te llega, incluyendo la manera de presentarla a otros.

Tu capacidad de persuadir a alguien, de lograr que acoja tu idea, depende de fijarte cuidadosamente como objetivo que lo que dices entre en la zona del click de inmediato. Ten esta intención desde el momento en que comiences a hablar.

Mente abierta / mente cerrada

Entre más se acerque tu idea a la idea de alguien, más fácil será que esa persona haga click con tu idea. Esto no significa que tengas que compartir por completo el punto de vista de la otra persona para conectar, pero sí que la persona necesita reconocer algo de sí mismo al menos en parte en lo que dices desde el principio.

Si alguien aún no ha hecho una gran inversión de tiempo, pensamiento o energía en el tema que te ocupa, no se identifica mucho con él o todavía no toma una decisión al respecto, es más probable que tenga una zona de aceptación amplia. Será más receptivo y de mente más abierta. No será necesario un esfuerzo tan concentrado para lograr que haga click con tu idea.

Esto lo vimos en las elecciones presidenciales de 2008 en Estados Unidos. Algunas personas tomaron una decisión muy al principio y no la cambiaron a lo largo de los interminables meses de campaña: estaban listos para votar mucho antes del día de la elección, y no había prácticamente nada que nadie pudiera decir que los hiciera cambiar de opinión. También había un gran bloque de votantes indecisos que buscaban una resonancia. Buscaron al candidato cuyos valores se asemejaran a los suyos, que entendiera mejor sus necesidades. El candidato que lograra llenar esos requisitos recibiría su voto. Los politólogos de hueso colorado podrían preguntarse si era posible que hubiera dos opciones más dispares. Pero McCain y Obama tenían una cosa en común: ninguno intentó llegar a los votantes que ya los habían rechazado. El objetivo eran quienes tenían zonas de click más amplias, en donde sus ideas tenían más probabilidad de ser escuchadas.

Lidiar con el rechazo

Tras un rechazo, las dos cosas más importantes que hay que recordar son *detente* y *da marcha atrás*.

Evidentemente, soslayaste algo fundamental, y hasta que reconozcas qué es, no harás ningún progreso en la construcción de la conexión.

Piensa, por ejemplo, en el caso de una mesera que comenzó con el pie izquierdo la interacción con los comensales de una mesa. Ese día estaba de mal humor y esto afectó el ánimo de los clientes y, después de un rato, su comportamiento se volvió, por decirlo de alguna forma, descortés. Todo lo que decía y hacía parecía empeorar las cosas. Y ella se sentía cada vez más frustrada y confundida.

Finalmente, dejó de tratar de avanzar. Lo que hizo fue quitar todo de la mesa, sin decir una palabra. Levantó las cartas, el agua, los cubiertos, los manteles, todo. Luego, regresó a la mesa y, tras poner vasos de agua frente a los clientes, dijo: "Señores, vamos a comenzar de nuevo. ¡Hola! ¡Bienvenidos! Me llamo Denise, y estoy aquí para asegurarme de que tengan una deliciosa cena y una tarde agradable. ¿Les traigo algo del bar para comenzar?".

Los comensales se rieron de sus dificultades anteriores y, al final de la cena, Denise recibió una excelente propina, que se había ganado.

Si alguna vez tienes un comienzo difícil con alguien, si una conversación lenta o repentinamente da un giro desafortunado, no hay caso en seguir adelante. Admite que has comenzado mal. Di: "Si te parece bien, me gustaría comenzar de nuevo, y esta vez realmente mostrar mi mejor cara".

Escuchar te dirá lo que has de decir

La clave para abrir la zona del click es invitar a alguien a que hable y, a continuación, *escuchar.* Entre más segura esté una persona de algo, más preciso y comprensivo tendrás que ser tú. Pon atención a la intensidad de la expresión facial y las inflexiones vocales, porque entre más querida sea una idea o una postura para una persona, mayor importancia habrás de darle tú. Apela a lo que detectes, y descubrirás que tu capacidad de introducir tus ideas aumenta considerablemente. No siempre tienes que dar justo en el blanco cuando compartes tus ideas con la gente, pero tienes que estar en terreno familiar, de forma que entres en la zona del click.

CAPÍTULO 10

Señales emocionales del click

Cuando se trata de lograr que la gente entienda tus ideas, apelar tanto a la lógica como a la emoción es una combinación infalible. Lo que dices tiene que "sentirse bien" antes de que la gente conecte con ello y lo acepte como algo correcto.

La mayor parte de la gente piensa que es lógica, racional y reflexiva. Pero los sentimientos nos ayudan a interpretar los datos. Las emociones atrapan nuestra atención y nos motivan a concentrarnos en los asuntos que se nos presentan. En ausencia de emoción, los humanos resultan ser muy malos para tomar decisiones. Esto ha quedado demostrado en el trabajo del Dr. Antonio Damasio, jefe de neurología en el Colegio de Medicina de la Universidad de Iowa, facultad que estudia a pacientes con daño cerebral. (Para más información al respecto, puedes leer su libro, *El error de Descartes: Emoción, razón y el cerebro humano.*) No es necesario hacer estudios clínicos para saber por ti mismo el papel que juegan las emociones en lograr que la gente haga click con las ideas. Examina tu propia vida. Algunas de las peores decisiones que has hecho en la vida las basaste en tus sentimientos. Y algunas de las mejores, también. ¿Alguna vez has actuado por impulso? ¿Seguido una corazonada? Tu capacidad de pensar es esencial para navegar por las complejidades de la vida moderna. Pero tu estado emocional también afecta tu capacidad de razonar; en ocasiones tus sentimientos son tan fuertes que anulan por completo lo que piensas.

Los sentimientos *suceden*, pero pensar requiere *energía*. Pensar quema mucha energía. Literalmente. Éstos son los datos: pensar quema tres veces más calorías que no hacerlo. Quemas una décima de caloría por minuto cuando tu cerebro no está haciendo nada más que sobrevivir, pero la cifra salta a una caloría y media por minuto cuando resuelves un crucigrama. En comparación, se queman cuatro calorías por minuto al caminar. Según ciertas investigaciones, pensar muchísimo puede crear los mismos patrones de onda cerebral que el dolor físico. No es de sorprender que tendamos a evitarlo a menos que sea absolutamente necesario. Esto nos vuelve, según la psicóloga Ellen Langer, "avaros cognitivos". No queremos pensar a menos que realmente tengamos que hacerlo, incluso mientras alguien más nos está hablando.

Afortunadamente, no tenemos que elegir entre lógica y emoción a la hora de tomar decisiones. Con mucha frecuencia los humanos usamos una combinación de ambos. Decidimos emocionalmente, y luego justificamos la decisión de forma lógica.

Las siete señales

Para hacer tus ideas emocionalmente atractivas y añadir poder de persuasión a los datos y la lógica de lo que quieres sugerir, puedes apelar a siete señales básicas que sirven para capturar la atención de otros, lo que te ayudará a hacer click. Éstas son:

- Afinidad
- Comparación
- Conformidad
- Reciprocidad
- Autoridad
- Consistencia
- Escasez

Usar las siete señales para hacer click

Los receptores de estas señales están imbuidos en nuestro ADN, en donde cumplen la valiosa función de mantener cohesionada a la sociedad y mantener el tejido social intacto. Todos recibimos constantemente una variedad de estas señales por parte de toda la gente a la que conocemos, casi siempre más de una señal a la vez.

Tú también estás transmitiendo señales todo el tiempo. Con frecuencia se envían de forma inconsciente, debido al deseo natural de conectar con otros. Saber cómo enviar estas señales de forma intencional resulta útil cuando quieres que alguien haga click con tus ideas.

Obtendrás el mejor efecto si las combinas. No todas las señales funcionan igual de bien en todas las situaciones. Entre más señales puedas usar, más fuerte será la idea a nivel emocional. Y no exageres: un poco alcanza para mucho.

Comprender la señal de afinidad

Cuando alguien nos muestra aprecio, ofrece una oportunidad o atiende una solicitud de atención, sabemos que le caemos bien y, por lo general, devolvemos el favor. Cuando reconocemos que alguien comparte estilos, motivaciones y valores, nos mostramos más receptivos a lo que esta persona tiene que decir.

☐ **Hacemos click con gente que nos parece atractiva.**
Puede parecer superficial, pero la gente sí juzga los libros por su cubierta. Puede que la belleza esté en los ojos de quien la mira, y en gustos por supuesto que se rompen géneros, pero si alguien te parece atractivo, sentirás afinidad por esa persona. Y no siempre son los guapos o bonitas los que resultan atractivos.

Bram fabrica joyería y estaba vendiendo su mercancía en un puesto en una convención de tatuajes. Durante tres días vio a gente tatuada ir y venir, y vio toda combinación imaginable de tinta y metal sobre la piel. A la mitad del cuarto día se detuvo en su puesto un hombre con picos de metal que le salían del cráneo rapado, clavos que se asomaban por sus labios, enormes orejeras en los lóbulos y tatuajes por todo el pecho, cuello y mejillas, a ver un brazalete. Bram le dijo: "Espero que no te importe, pero hay algo que me encantaría preguntarte". En ese momento envió la señal de afinidad: "me interesas".

El hombre respondió: "¡Seguro, pregunta lo que quieras!".

Así que Bram le preguntó: "¿Por qué tienes todo este metal en el cuerpo, y toda esta tinta en la piel? ¿Qué te motivó a hacerte esto?".

El hombre sólo se rio. Contestó: "Hombre, ¡para conseguir chicas!".

A Bram se le dificultaba comprenderlo hasta la hora de cerrar. Entonces fue que vio al hombre caminando hacia la puerta con una chica con tatuajes en cada brazo.

Le sonrió abiertamente a Bram, le hizo una señal amistosa y guiñó un ojo, como diciendo: "¿Ves lo que quiero decir?".

Los gustos pueden variar, puede tratarse de estilo gótico, hippy chic o nerd, o cualquier cosa que le guste a la gente. Pero la gente hace click con las ideas de las personas que les parecen atractivas.

☐ **Hacemos click con gente carismática.**
Hay quien lo llama encanto. Hay quien lo llama ser suave. Como sea que le digas, una persona con este tipo de clickabilidad puede entrar en cualquier habitación y apoderarse de ella.

Cuando era niño, mi mamá decía que se atraen más moscas con miel que con vinagre. La gente carismática y encantadora es muy convincente.

□ **Hacemos click con quienes nos tratan con respeto.**
Cuando la gente intenta comprendernos y escucharnos, cuando nos consideran tan importantes como a sí mismos, nos vemos más persuadidos a hacer click con sus ideas.

□ **Hacemos click con lo que le gusta a la gente que nos gusta.**
Ésta es la razón por la que las empresas eligen a celebridades para promocionar sus productos. Cuando el público idolatra a la celebridad, nuestro amor por ella se transmite a cualquier producto o idea que la compañía quiera vender. Nos gusta el yogurt que le gusta a Jamie Lee Curtis; nos gusta la beneficencia que le gusta a Bono; nos gusta todo lo que le gusta a Oprah, y eso le da a millones de sus fans la idea de que quieren tener todo lo que Oprah quiere que tengan. Al confiar en el buen juicio de la gente que nos gusta, nos evitamos mucho trabajo.

Esto funciona aún mejor con alguien a quien conocemos en persona y que nos cae bien. Agradecemos las recomendaciones de libros de los miembros de nuestro club de lectura y los niños quieren usar las mismas marcas que usan sus mejores amigos. La gente de negocios toma decisiones de contratación basadas en las recomendaciones de sus amigos. Estamos predispuestos a que nos caigan bien los amigos de nuestros amigos.

Advertencias sobre la afinidad

Es muy bueno ser querido por otros, pero hay personas que podrían usar tu deseo de agradar en tu contra, para hacerte hacer cosas que no deberías hacer. Demasiada afinidad podría minar tu autoridad. Recuerda la regla: con poco logras mucho.

Cinco maneras de enviar la señal de afinidad

1. Comienza por las semejanzas.
Es posible que tengas diferencias, pero no deberías demorarte en ellas, sino enfocarte en lo que tengas en común.

2. Trata a la gente con respeto.
Cuando la gente hable, trata de entenderlos, pregunta por sus opiniones, tómalos en cuenta y hazles saber que son importantes para ti. Cuando escuchas de forma conectada a la gente, apelas a lo mejor de su naturaleza.

3. Hazle saber a la otra persona que te cae bien.
Ofrece un cumplido honesto o una muestra auténtica de aprecio. Como me enseñó mi madre, siempre hay algo que puedes apreciar en casi toda la gente. Quizá nada más que un: "Gracias por ser honesto sobre cómo te sientes". Siempre que sea honesto, te será de gran ayuda, incluso en situaciones difíciles.

4. Sé carismático.
El verdadero carisma no es algo que puedas fingir, pero todo el mundo puede mostrarse entusiasta, energético, cálido y cordial. Al acercarte a alguien, muéstrate receptivo a cambio. Las emociones pueden ser contagiosas, así que la persona que es animosa, energética y divertida puede ganarse a una habitación llena de gente más por cómo es que por quién es.

5. Cuida el contacto visual.
No todo el mundo responde a él de la misma forma. Hay gente que siente que los estás observando con demasiada intensidad. Algunos no se sentirán conectados a menos que puedan verte directo a los ojos. Observa cómo usa la otra persona el contacto visual, e imítalo.

Comprender la señal de comparación

La comparación le permite a la gente evaluar rápidamente sus experiencias y determinar su valor relativo. Al comparar bueno con malo, resulta evidente que bueno es mejor. Cuando comparamos excelente con bueno, bueno se queda corto. Cuando alguien compara su idea a una de menor calidad, o su esfuerzo con uno menor, la señal que se envía es que existe una oferta de algo mejor o mayor y que esto es lo que merece nuestra atención. Después de todo, ¿a quién no le gusta lo nuevo más que lo viejo, lo mejorado en lugar de lo estándar, y lo útil en lugar de lo inútil? La comparación envía la señal de que es momento de hacer click.

☐ **Hacemos click con la mejor de entre dos opciones.**
Siempre que tenemos una elección, hacemos comparaciones. Si entras a una tienda y ves dos artículos similares en el estante, elegirás el que está de oferta. O el que tiene mejores características. O el que durará más.

Hacemos lo mismo con las ideas y con la gente. Con tanta gente que entra y sale de nuestras vidas, de alguna manera tenemos que limitar el campo de posibles conexiones, haciendo distinciones entre una persona y otra aun cuando no sepamos gran cosa sobre ellas. Así que en parte lo hacemos basados en cómo se ven en comparación con alguien más. Cuando evaluamos a la gente, la comparamos con otros a los que ya conocemos. Y luego decidimos si estaremos abiertos a ellos o no.

> Cuando evaluamos a la gente, la comparamos con otros a los que ya conocemos.

Quizá elegimos a la persona que hace contacto visual con nosotros cuando el resto del grupo está ocupado con otras cosas, o la persona con la sonrisa más fácil, o en ocasiones, el menor de dos males. En comparación con el tipo que no para de hablar sobre reparaciones de autos, el que tiene ideas inamovibles sobre política parece la mejor elección para pasar la velada en una cena o fiesta. Pero en comparación del que es una enciclopedia andante de la música pop, tal vez al político será mejor evitarlo. Y en comparación con la persona que está preparando los tragos o sirviendo la comida, bueno, ¡a quién le importa la política, los autos o la música pop!

☐ **Hacemos click con la gente que comparte nuestras ideas de cómo debería ser la gente.**
Es más fácil hacer click con quien está a la altura. Cuando conoces a alguien que está a la altura de tus nociones preconcebidas, estás predispuesto a hacer click con esa persona.

Una persona que usa un lenguaje que consideramos inapropiado no saldrá bien parada si la comparamos con la que habla de la forma que consideramos apropiada. Una persona que se viste de la manera en que consideras que se viste la gente respetable te inspirará mayor respeto cuando te diga sus ideas. Tras las críticas negativas al presidente Clinton en los medios por su comportamiento en la Oficina Oval, George W. Bush prometió restaurar la dignidad a la Casa Blanca. Y comunicó este respeto al usar siempre corbata cuando se encontraba en la Oficina Oval.

También esperamos que la gente se comporte de forma consistente, y somos más receptivos con sus ideas cuando son de la manera en que nos gusta que sean. Es más fácil hacer click con tu jefe enojón el día que está de buen humor que cuando está teniendo un mal día, o con tu apática hija adolescente el día que está haciendo algo que la anima que cuando está flojeando y sin hacer nada.

Advertencias sobre la comparación

Si tus ideas son demasiado elevadas o estrictas, se te dificultará encontrar a alguien a quien consideres digno de un click.

Si haces demasiadas comparaciones, pierden su impacto. De la misma manera, comparar una persona con otra puede socavar la fuerza de tu mensaje. Envía el mensaje de que prefieres a otros, y esto podría llevar a sentimientos de resentimiento y desmotivación. Elige con cuidado para hacer la mejor comparación posible entre el desempeño actual y el futuro. Igual que los atletas olímpicos, la mejor comparación que puedes hacer con respecto al desempeño es en ti mismo.

Tres maneras de hacer click con la señal de comparación

1. Elige con cuidado tu estándar.
Es necesario que salgas ganando en la comparación. Sea la comparación implícita o explícita, la pregunta siempre es: "¿Comparado con qué?". ¡Cuida que el estándar sea tal que tú salgas favorecido! (sin caer en la arrogancia).

2. Distínguete de la multitud.
Atrae un poco más de atención hacia ti. El mensaje que quieres enviar es que puedes encajar perfectamente, al tiempo que te distingues sin volverte un extraño. Vístete un poco mejor, párate mejor, habla y camina con confianza. Pronuncia bien cuando hables, sonríe, sé considerado, pon atención a los detalles. Ofrécete a ayudar, muestra tu gratitud con una nota escrita, respeta el tiempo de los demás, o escucha cuando los demás te hablen. Cuando todo el mundo salga de la habitación, quédate un poco más para ayudar a limpiar.

3. Compárate contigo mismo.
Cuando conozcas a alguien de tiempo atrás, puedes referirte a ti mismo a través del tiempo. Resalta tus fortalezas. Señala tus mejoras a nivel personal. Destaca tu buen humor ("¡Estoy teniendo un gran día!") o tu recién apertura ("Ahora sí, tienes toda mi atención") o tu cambio de opinión ("Me he dado cuenta de que esto es algo muy distinto de lo que pensé que era"), cualquier cosa que te haga ver mejor que la versión de ti mismo que esa persona ha visto antes.

Comprender la señal de conformidad

Tanto tú como tus ideas tienen más probabilidades de hacer click con un grupo que te percibe como uno de ellos y no como un extraño. Numerosos estudios han demostrado que estamos influenciados por los grupos de los que formamos parte. Pero no es sólo la gente la que se conforma a los grupos. Todas las criaturas vivas se mueven de forma colaborativa para alcanzar objetivos comunes y atacar enemigos comunes. Es un mecanismo pasivo de defensa cuyo objetivo es reducir lo más rápido posible tantas diferencias con el grupo como sea posible para no ser señalado y atacado. La conformidad tiene un profundo valor de supervivencia, y hace que sea posible hacer click con un grupo.

Las culturas y las comunidades son colectivos de personas organizados alrededor de áreas comunes y que actúan con base en esos instintos. Se trate de comida, refugio, seguridad o la simple pertenencia, generalmente es mejor permanecer juntos que separados, encontrar una forma de encajar en vez de alejarse. Nuestra capacidad de sobrevivir como sociedad y de prosperar como individuos depende de nuestra capacidad de reunirnos, trabajar juntos y movernos juntos hacia el bien mayor colectivo. Así que si quieres que un grupo haga click con tu idea, esta idea debe contribuir al interés del grupo. Si quieres que un individuo haga click con tu idea, esta idea debe enviar la señal de que lo volverá parte de un grupo al que desea pertenecer.

□ **Hacemos click con ideas que pertenecen a la comunidad.**
Queremos ser parte de algo más grande que nosotros. Nos reunimos para perseguir una causa y ser parte del movimiento, y apoyamos a la persona que sabe cómo unirnos. Este impulso de formar comunidades se traduce en empresas que son famosas por ser lugares excelentes para trabajar. Construir esta sensibilidad quiere decir crear señales de identidad compartida, desde camisas hasta gorras, pasando por equipos de softbol por departamento, que quieren barrer con los otros departamentos.

Las formas en que nos conformamos apelan a nuestro sentido de identidad. Aun los no conformistas se juntan. Sean los nerds, los *geeks*, las bonitas, los atletas, los populares, los grupos religiosos o los activistas políticos, como harina del mismo costal. Te será de utilidad notar estas tendencias en cualquier momento que quieras que la gente conecte con tus ideas, para que las presentes de forma que satisfagan estas tendencias.

□ **Hacemos click con las ideas de la multitud más grande.**
Cuando tenemos la oportunidad de seguir una tendencia, lo hacemos. Y algunas de esas tendencias, en retrospectiva, son razón suficiente para hacernos enrojecer de vergüenza ahora. Desde los bigotes de morsa, hasta las pelucas de los Beatles, desde los walkmans hasta los iPods, desde los bolsos gigantes hasta las carteritas de mano, seguir a la multitud está en nuestros genes.

Cuando una multitud se reúne, puede que no se trate de un grupo que conocemos, pero si es un grupo grande que está adoptando el mismo comportamiento, nos unimos de prisa para ver qué está pasando, con lo cual crece la multitud, lo que a su vez la hace más atractiva. "¿Qué pasa?", preguntamos; "¡No sabemos!" es la respuesta. Pero eso no nos detiene. Si hay una multitud, algo debe haber en el centro, aun si no es nada más que la experiencia compartida de no saber qué hay en el centro.

Si logras atraer una multitud a una idea, la idea atraerá y hará click con una multitud aún mayor.

□ **Hacemos click con quien es popular.**
Algunas personas simplemente son más populares que otras. Si te acercas un poco te darás cuenta de que la gente popular envía señales de afinidad *y* de conformidad. Entre más gente reconoce a alguien como popular, más crece el grupo alrededor de esa persona, y más gente querrá unirse al grupo, lo que vuelve a la persona más popular. Si vemos a una conferencista con un gran grupo a su alrededor después de la conferencia, estamos seguros de que podemos formar parte de esa conexión si nos acercamos. Cuando el político populista, el "hombre del pueblo", llega a la ciudad, toda la gente sale a verlo. Entre más gente salga, más querrán unirse otras personas. Si puedes lograr que la gente perciba tu idea como popular, es más probable que la reciban bien que si la presentas como una idea impopular, sin importar si es buena o no.

Advertencias sobre la conformidad

La gente quiere encajar, pero no demasiado bien. Demasiada conformidad puede disminuir tus posibilidades de sobresalir. Demasiada conformidad puede poner en riesgo la innovación y la creatividad. Utiliza la conformidad en donde sea importante, pero deja abierta la puerta para dar un paso a lo inesperado cuando la conformidad no sea completamente necesaria.

Cinco maneras de enviar la señal de conformidad

1. Ayuda a otros a ser populares.
Entre más sea la gente con quien hagas click, más gente hará click contigo. Construye una red de gente a tu alrededor al ayudarlos a construir redes dentro de tu red. Sé incluyente, encuentra a tus aliados naturales y construye un movimiento.

2. Únete a la comunidad.

Una comunidad de intereses, valores y objetivos compartidos es una excelente manera de conectar con los individuos. Encuentra dónde se reúnen y e intégrate con ellos. Averigua sus intereses y compártelos. Las comunidades otorgan más importancia a dar que a recibir. Para unirte a una comunidad, contribuye a ella.

3. Identifica objetivos comunes.

Haz notar las formas en que pueden trabajar juntos y señala una tendencia, movimiento o causa de la cual seas parte y a la que la persona con quien quieres hacer click quiera pertenecer. Ayuda a la otra persona a sentir que es parte de algo más grande que ella, incluso si tan sólo se trata de la cosa que comparten en ese preciso momento.

4. Confórmate a las expectativas de la otra persona.

Sé como quieren que seas, compórtate como la otra persona cree que deberías comportarte. Puedes ayudar a establecer sus expectativas al señalar cómo han lidiado otras personas con la misma situación.

5. Señala cómo encaja tu idea en sus expectativas.

Destaca cómo encaja tu idea en sus motivos y valores. Haz la conexión entre tu idea y todo lo que ha ocurrido antes de ella, de forma que se integre en lugar de destacar demasiado. "Los mejores en la industria han establecido algo similar como el estándar, así que estaremos en buena compañía si hacemos esto".

Comprender la señal de reciprocidad

La reciprocidad es dar y recibir. El viejo y conocido *quid pro quo* ("algo a cambio de algo", si no hablas latín) del que se habla en ocasiones. El instinto de reciprocar se despierta cuando nos sentimos obligados. Es un esfuerzo de nuestro sistema nervioso de despachar esa obligación tan rápido como sea posible.

Todo lo que les hagas a otros hay una muy buena probabilidad de que querrán hacértelo a ti. Lo que hacemos por los demás demanda a cambio cierto grado de obligación. Ayudarnos mutuamente nos ayuda a construir sistemas de apoyo de los cuales podemos llegar a depender.

□ **Hacemos click con las ideas de la gente que nos hace favores.**
Nos hace sentir bien que alguien coloque nuestros intereses a la altura de los propios. Sin importar el precio en términos de tiempo, dinero o energía, el

favor habla por sí mismo y coloca los fundamentos para el click. Aun favores pequeños te harán sentir en deuda (además de agradecido), y devolver el favor puede tomar la forma de aceptar las ideas de la otra persona.

◻ **Hacemos click con la gente cuando les hacemos favores.**
Es el otro lado de la moneda. Nos sentimos bien cuando hacemos cosas por otros, y hacemos cosas por otros cuando nos sentimos bien. Los favores que hacemos por otros incrementan la posibilidad de que ellos quieran hacernos favores, incluyendo aceptar nuestras ideas.

◻ **Hacemos click con la gente que hace sacrificios por nosotros.**
Cuando alguien pasa alguna penuria para hacernos la vida más fácil, este sentido de obligación se despierta y aumenta nuestra gratitud por su servicio. El sacrificio que hacen los soldados por nuestra libertad nos mueve a apoyarlos y a querer darles todo lo que necesiten. El sacrificio de nuestros padres nos inculca un sentido de deber para con ellos, lo que ayuda a las familias a permanecer unidas en etapas posteriores de la vida, cuando los padres experimentan la pérdida de independencia que acompaña a la vejez. Y cuando el mesero en el restaurante o el vendedor de autos nos dice: "Déjame ver qué puedo hacer por ti", por lo regular es su forma de invocar este sentido de reciprocidad que conduce a dejar mejor propina o a cerrar la venta cuando la relación llega a su fin natural.

Advertencias sobre la reciprocidad

No te conviertas en un tapete. Dar demasiado puede volverte vulnerable. Hacerle favores todo el tiempo a alguien no es bueno para ninguna de las partes. Asegúrate de que cuando ayudes a alguien estés recibiendo algo a cambio. Hacer favores todo el tiempo sin reciprocidad puede hacerte ver débil.

Cinco maneras de enviar la señal de reciprocidad

1. Sé consciente de las necesidades de los demás.
Sé generoso con otros. Ofrece tu ayuda y coopera cuando se presente la oportunidad. Hazle un favor a alguien, o tan sólo ofrece hacerle un favor a alguien. Servir a los demás, si bien es gratificante por sí y en sí mismo, también genera la obligación de devolver el favor.

2. Deja que los demás hagan cosas por ti.
El hecho es que a veces el mayor regalo que le podemos hacer a otros es
recibir lo que tengan para darnos. Y cuando alguien hace algo por ti y tú lo
dejas, esta persona puede sentirse más conectada a ti que nunca.

3. Sé el primero.
Sé el primero en escuchar, esperar, preocuparte y compartir.

4. Señala cómo tu idea le sirve a otros.
Demuestra que tu idea es un favor para ellos. "Esta propuesta beneficiará a
todo el equipo, a la empresa y a la comunidad. Es la razón por la que invertí
tanto tiempo en su desarrollo. Porque me doy cuenta de la enorme diferencia que hará."

5. Hazles saber que estás dispuesto a sacrificarte.
Indica tu disponibilidad y capacidad de soportar cualquier penuria con tal
de que tu idea tenga éxito. "Quiero que hagas esto. Así que moveré cielo,
tierra y mar para que suceda."

Entender la señal de autoridad

Cuando emites la señal de autoridad, otras personas se sienten inclinadas a
hacer click contigo y con tus ideas.

La capacidad de observar quién está en el poder y responder con obediencia es innata. Nuestros sistemas nerviosos cuentan con una programación evolutiva que nos mantiene seguros, y una poderosa forma de hacerlo
es someterse al más fuerte, más listo, más capaz y más poderoso de entre
nosotros. Reconocer la autoridad nos permite saber a quién seguir en una
crisis o cuando nos enfrentamos a incertidumbres de tipo menos severo.
Estamos diseñados para escuchar y obedecer, y nuestra educación agudiza
estas tendencias naturales. Toda comunidad que quiera sobrevivir necesita
un sistema de autoridad. Todas las culturas refuerzan la obediencia. A través de un condicionamiento que comienza en la infancia, todos dividimos
al mundo, de forma consciente o no, en la gente a quien debemos obedecer
y la gente que debe obedecernos. La obediencia a la autoridad también nos
proporciona una coartada para nuestras acciones ("¡Sólo seguí órdenes!").
En otras palabras, es un atajo para decidir qué pensar o hacer (sin tener que
desperdiciar mucha energía pensando).

□ **Hacemos click con la apariencia de autoridad.**

Si en la primera impresión una persona parece tener autoridad, esto puede ocasionar que le otorguemos autoridad hasta que llegamos a conocerla mejor. La autoridad puede indicarse a través de la forma de vestir, el estatus social, los títulos y el comportamiento.

Los uniformes son un símbolo evidente de autoridad, pero también estamos condicionados para detectar señales físicas más sutiles: confianza en uno mismo, formas de hablar y otras similares. Nos sentimos instintivamente atraídos por la gente que parece estar segura de lo que hace. Nos damos cuenta cuando la gente parece segura de sí, y suelen inspirar la misma confianza en la gente que los rodea. Reconocemos a la gente así como personas confiables, de quienes nos podemos fiar, alguien cuyas ideas importan.

□ **Hacemos click con las ideas de la gente con más experiencia.**

La gente asume que la experiencia confiere sabiduría, y la sabiduría inspira autoridad. No necesitas un grado académico o un título para tener la autoridad que proviene de la experiencia. ¡Lo que sí necesitas es experiencia! La gente necesita confiar en que tu experiencia es relevante. Si la experiencia es real, deberá poder constar como una fuente creíble.

En mi vida he tenido la buena fortuna de conocer a mucha gente extraordinaria cuyo éxito no tuvo nada que ver con la educación o con un título, pero cuya experiencia de vida les permitió ser de gran inspiración a otros. Ray Kroc, por ejemplo, dejó la preparatoria a los quince años para más tarde ser el creador de la industria de la comida rápida (con McDonald's). Steve Jobs dejó la universidad y fundó una de las empresas de tecnología más exitosas del mundo, Apple, en una cochera. Mary Kay Ash, después de ver cómo su gerente promovía a gente con menos experiencia y menos calificada en lugar de ella, por el simple hecho de ser mujer, se lanzó a fundar la exitosísima empresa Mary Kay Cosmetics. Todas estas personas lograron con éxito convertir su experiencia en autoridad. Sus historias de vida, combinadas con su inteligencia e impulso, emitían una señal a la gente a su alrededor que indicaba que eran personas que merecían respeto, reconocimiento y favores.

La confianza en uno mismo y sus ideas confiere un aura de autoridad.

La vida es la maestra más dura. Con frecuencia nos da primero la prueba y al final la lección. Pero una persona que aprende de su experiencia aumenta su confianza. La confianza en uno mismo y sus ideas, adquirida a través de los desafíos que presenta la vida, confiere un aura de autoridad, lo que forja la vía para el click.

Advertencias sobre la autoridad

Demasiada autoridad puede tener el efecto opuesto a crear un click, en especial con alguien con tendencia a rebelarse. Atempera tu autoridad con otras señales y tendrás más probabilidades de tener éxito.

La autoridad es poderosa, y la obediencia a la autoridad está tan imbuida en nuestro cerebro que es algo que debe usarse con responsabilidad. En el extremo, la obediencia ciega puede llevarnos a algo como el Holocausto, en que soldados y civiles por igual participaron en atrocidades simplemente porque recibieron órdenes. Los experimentos clásicos conducidos por Stanley Milgram analizaron más a profundidad este fenómeno. En sus estudios, un grupo de voluntarios suministró descargas eléctricas a otros voluntarios a un nivel que creían sería letal y a pesar de escuchar gritos de protesta, simplemente porque alguien con autoridad les dijo que lo hicieran.

Siete maneras de enviar la señal de autoridad

1. Compórtate con autoridad.
La confianza se ve primero en la postura. Cuando te paras derecho y con los hombros relajados en vez de encogido como si quisieras ocupar menos espacio, proyectas confianza en ti mismo. Cuando te presentas en vez de esperar a que te presenten, das la impresión de tener confianza. Aunque el comentario autocrítico ocasional vuelve más accesible a la gente segura, demasiadas dudas en ti mismo socavan la capacidad de otros de creerte. Observa a la gente a quien reconoces como segura de sí, como gente con autoridad, e imita la forma en que se comportan. Como una persona con autoridad, no necesitas la aprobación de los demás para creer en ti. Antes de entrar a una habitación, dite a ti mismo: "Soy la persona correcta, en el lugar correcto, en el momento correcto".

2. Habla por experiencia.
Más que hacer declaraciones y afirmar que sabe "cómo son las cosas", la persona con autoridad habla por experiencia. El simple hecho de comenzar una frase con las palabras: "En mi experiencia..." alertará a tus escuchas y los hará poner más atención.

3. Vístete para ganar.

Siempre trata de vestirte ligeramente mejor que la persona que quieres que haga click con tu idea, y sé discreto con accesorios y perfume. La ropa limpia y bien cuidada deja una mejor impresión que la ropa mal combinada y sucia. La ropa casual se ve muy bien, pero no si tú te ves como un vago cuando la usas. Hay diferencias locales en cuanto a la forma de vestir en el ámbito profesional, así que observa a tu alrededor y busca a gente que consideres exitosa en el ambiente que te interesa. ¿Cómo se visten? Vístete como ellos.

4. Enfatiza tus credenciales.

Si eliges presentarte como una autoridad, asegúrate de tener lo necesario para respaldar tu dicho. Si tu autoridad no es auténtica, será inútil una vez que alguien llegue a conocerte. Cita ejemplos específicos de tu experiencia, habla de tu historial y proporciona referencias.

5. Acepta la responsabilidad.

En ocasiones la gente prefiere que otros estén a cargo porque les da una salida si algo sale mal. Ejerce tu autoridad dejando que la otra persona sepa que estás dispuesto a asumir la responsabilidad y aceptar la culpa.

6. Invoca a otras autoridades.

En algunos casos, la autoridad de otros es aún más convincente que la tuya. Menciona a otras autoridades para reafirmar tu postura. Si alguien puede hablar por ti, hacer el primer contacto por ti o proporcionar una referencia tuya, verás que es más fácil hacer click. Mis padres eran expertos en hacer esto: cuando yo estaba en la edad en que no podía aceptar nada que papá dijera, mi padre reclutó a mi tío favorito para que me hiciera entrar en razón cuando la ocasión lo ameritó. Toda su vida mi madre se la pasó recortando revistas y subrayando los mensajes contenidos en ellas, luego me los mandaba por correo, como diciendo: "No me creas a mí: ¡créele a ellos!".

7. Sé tú la autoridad.

Contrólate a ti mismo más que controlar a los demás. Sé creíble y justo. Sé la autoridad que te gustaría ver en el mundo.

Entender la señal de consistencia

Todos queremos que las cosas funcionen hoy igual que funcionaron ayer. La consistencia nos ayuda a entender el mundo en que vivimos y cómo encajamos en él. Esperamos ver consistencia en el comportamiento de los demás. Si podemos asumir que alguien actuará de la misma forma, tendrá los mismos valores y seguirá las mismas reglas que la última vez que interactuamos con él, nos ahorramos el tiempo y el esfuerzo de tener que volver a aprender todas esas cosas cada vez que lo encontramos.

La inconsistencia crea una disonancia cognitiva, un estado en que nuestras expectativas no encajan, y el mundo, al menos por un momento, pierde sentido. Nuestro pulso se acelera y sudamos un poco. Nos quedamos algo confundidos y nuestra actividad se interrumpe.

En una palabra, la disonancia es incómoda y, con frecuencia, intensamente incómoda. Cuando nos vemos obligados a enfrentar una disonancia, tratamos de despacharla tan pronto como sea posible. La hacemos a un lado, diciendo que no importa, o la explicamos de alguna manera. O la ahogamos en un mar de ejemplos contrarios.

> La consistencia ayuda a crear la confianza que está en la base de cualquier relación positiva.

Más importante aún, el deseo de consistencia explica las dificultades que la gente enfrenta para cambiar de opinión, admitir que se equivocó o encontrar otra forma de hacer algo. Es parte de nuestra naturaleza querer ser consistentes en las cosas que pensamos, sentimos y hacemos. Los psicólogos lo llaman "consistencia cognitiva". Nuestro deseo de consistencia es tan fuerte que lo asociamos con fortaleza personal y carácter. De manera similar, el comportamiento inconstante nos hace sentir que no podemos confiar en la persona. La consistencia ayuda a crear la confianza que está en la base de cualquier relación positiva, lo que establece el terreno para hacer click.

□ **Hacemos click con la gente cuando sabemos que podemos confiar en ella.**

Si una persona hace una promesa y la cumple, llegamos a confiar en ella. En un mundo con tantas partes intercambiables y variables, es un gran alivio poder contar con algo o alguien. La confianza abre la puerta para la comunicación persuasiva. Si sé que puedo confiar en ti, tus ideas también serán confiables.

□ **Hacemos click con la gente cuando estamos a la altura de sus expectativas positivas.**

La gente se eleva o baja hasta el nivel de lo que esperamos de ella. En un mundo conflictivo y con frecuencia decepcionante, la mayor parte de la gente quiere experiencias consistentes con sus expectativas. Cuando cumplimos sus expectativas positivas, queda la sensación de una promesa cumplida. Incluso es posible lograr que alguien cambie su comportamiento por medio de proyectarle constantemente el cambio deseado.

Tom solía llegar a casa del trabajo enojado y a punto de explotar. Nada más cruzar la puerta, comenzaba una andanada de quejas furiosas sobre su trabajo, sus colegas y cualquier otra cosa que lo hubiera hecho enojar ese día. Parecía no darse cuenta del impacto que esto tenía sobre su familia. Su esposa, Mary, se cansó de su constante comportamiento negativo. Así que desarrolló el hábito de responder a las quejas de Tom todas las tardes con estas palabras: "Tom, tú no eres así. Sé que eres un hombre amoroso y razonable, y cuando cruzas esa puerta, sabes que te amo más que a nada y creo que también me amas así. Así que ésa es la manera en que espero que te dirijas a mí".

Las primeras veces que Mary hizo esto, Tom se sintió avergonzado de su propio comportamiento. La disonancia cognitiva entre lo que ella decía y cómo se estaba comportando él cuando se lo decía era sumamente incómoda. Pero no pasó mucho tiempo antes de que el comportamiento de Tom comenzara a estar acorde con su proyección. Al principio le contestaba enojado: "Sí, ya sé". Pero pronto, al saber lo que ella diría, Tom comenzó a ajustar su comportamiento antes de abrir la puerta. Veintiún días pasaron entre el día que ella comenzó su hábito y el día en que Tom pudo moderar su comportamiento. A partir de entonces, al abrir la puerta estaba consciente de su propio comportamiento, y esto facilitaba estar a la altura de las expectativas de ella.

Click.

□ Hacemos click con la gente que pensamos que haremos click.

Tener un historial de conexiones positivas con alguien no te garantiza que siempre harás una conexión positiva. Pero te da una ventaja. Entre más consistentemente positiva sea la interacción, es más probable que siga siendo así. Ésta es una de las claves para mantener excelentes amistades y un excelente servicio al cliente. Entre más positiva sea la experiencia de la persona, más positiva cree la persona que será su experiencia. Después de un tiempo, las experiencias negativas comienzan a explicarse de alguna manera ("Están teniendo un mal día, eso es todo").

Nuestra reputación nos precede. Si se sabe que eres una persona de trato fácil, la gente que lo ha escuchado te medirá con esa vara. Esto crea ventajas para hacer negocios por referencia.

Advertencias sobre la consistencia

Ser consistente sólo por el hecho de serlo molesta a mucha gente. De esas personas se dice que son cuadradas, rígidas o inflexibles. Sé consistente en tus expectativas de otros, en tus principios y en los estándares que aplicas a los demás, pero mantén cierta flexibilidad y ten iniciativa.

Tres maneras de enviar la señal de consistencia

1. Trata a la gente con consistencia.
Quieres que la gente sepa qué esperar de ti. Sé alguien en quien confiar, de manera que otros sepan que pueden hacerlo.

Esto quiere decir que si dices algo, tienes que hacerlo no sólo a veces, sino todo el tiempo. Así que asegúrate de poder hacerlo antes de decir que lo harás. Si algo se atraviesa y no puedes hacer lo que dijiste que harías, comunícalo tan pronto como te sea posible. Mantén las expectativas que tienen sobre ti realistas, y asegúrate de poder cumplirlas.

2. Sé consistente con quién eres, lo que defiendes y lo que valoras.
Di la verdad. Iguala tus palabras con tus actos. Cumple tus promesas.

3. Señala la consistencia.
Cuando compartas tus ideas, señala cómo es que son consistentes con los motivos y los valores de la persona con quien las compartes. Señala cómo tus ideas son consistentes con cosas que ha dicho la persona con quien las compartes. Señala cómo tus ideas son consistentes y cómo hacer otra cosa sería inconsistente. "Esta idea es una continuación del proceso que iniciamos en mayo pasado, y si no seguimos este camino, la gente que nos ha estado observando se preguntará qué sucedió".

Comprender la señal de escasez

Cuando algo es poco común, su valor se incrementa. Como dijo el tenista profesional Andre Agassi: "Lo que hace que algo sea especial no es lo que se puede ganar, sino lo que se puede perder".

La capacidad de la gente de querer y necesitar parece infinita. Pero sólo tenemos determinado tiempo, determinada energía, determinada atención y determinadas oportunidades. Si no es posible tenerlo todo, tiene que haber negociaciones. La economía ha sido definida como el estudio del comportamiento humano a la hora de lidiar con necesidades infinitas y recursos limitados. Bueno, en las relaciones también entra en juego la economía. La escasez juega un poderoso rol en las relaciones humanas. Si tienes algo que las otras personas quieren, parece que tienes cierto grado de control sobre tu medio. Y eso hace que la gente se sienta atraída a ti.

Es importante recordar que la escasez no se refiere sólo a cosas tangibles, también puede aplicar a cosas intangibles, como tiempo, información, aprecio y honestidad.

Cuando consideramos que es difícil pasar tiempo con alguien, lo deseamos más y hacemos muchas cosas para lograr experimentarlo. ¿No es ésa la razón de tantos acostones? Hombres y mujeres hacen muchas cosas para estar juntos, y entre más difícil sea estar con él o con ella, más deseable se vuelve la persona.

Cuando percibimos cierta información como escasa o difícil de conseguir, como el caso de la información privilegiada, le damos más valor y la deseamos. Ésta es la razón por la que tantas conexiones ocurren alrededor de los chismes y los rumores. También es lo que hace que los cumplidos o las alabanzas sean mucho más poderosos cuando se dan de forma esporádica.

Cuando consideramos que una relación de negocios es más valiosa que otras, esto nos motiva a encontrar la forma de hacer que ocurra. Ésta es la razón por la que tanta gente se mete en malos negocios: no quiere perder una oportunidad o dejar ir el trato. La escasez es una señal potente, porque el verdadero valor suele ser algo difícil de hallar.

◻ **Hacemos click cuando la gente nos hace sentir especiales**
Algunas personas tienen una habilidad nata para hacer a otros sentirse especiales. Es algo en sus ojos —en una habitación atestada, te miran como si no hubiera nadie más ahí—. Es algo en sus modales —le podrían dar la espalda al mundo sólo para poder estar frente a ti—. Y es algo en su forma de hablar —te hablan como si te conocieran mejor que tú mismo.

Algunas personas tienen una habilidad innata para hacer justo lo opuesto.

Me encontraba subiendo a un avión. La fila era larga, pero yo iba hasta adelante, así que tuve la mala fortuna de escuchar a una azafata decirle a otra cuando nos vio entrar: "Ahí viene el ganado". A nadie le gusta ser tratado como "uno más". No me pareció en absoluto y lo dije: "No es un rebaño, no soy una vaca y tu actitud es animal". Ella sonrió y me dio una bolsa extra de pretzels. Me calmé de inmediato. No fue el mejor click del mundo, ¡pero fue mejor que nada!

Sea que se trate de atención especial, aprecio especial o una invitación especial, cuando tienes la impresión de que lo que estás recibiendo es algo excepcional o un tratamiento especial, haces click. Cuando te sientes valorado por encima de lo común, o tratado como único en tu tipo, no es posible evitar una respuesta. Esta misma señal es la que entra en juego cuando la gente se hace la difícil, pero funciona de forma distinta. Cuando una persona actúa como si fuera especial y requiriera tratamiento especial por parte de otros, es mejor que haya una razón evidente y discernible sobre por qué merece ese tratamiento (como que se trate de la Reina de Inglaterra o alguna otra celebridad), o la respuesta que obtendrá de los otros será rechazo.

"Especial" funciona como una señal de dar, pero muy raras ocasiones funciona como una señal de recibir. Si alguien te trata como si fueras especial, es convincente. Si alguien te exige que lo trates como si fuera especial, puede ser repugnante o, en el mejor de los casos, decepcionante. Así que si quieres que te traten como alguien "especial", primero debes practicar tratar a otros como si fueran especiales.

◻ **Hacemos click sólo en el momento preciso.**
Dos veces al año doy una clase de comunicación para estudiantes de medicina en el Southwest College of Naturopathic Medicine and Health Sciences. Disfruto tanto dar esta clase que le pregunté al director de la universidad si habría la posibilidad de dar más clases. Su respuesta: "Ahora los estudiantes te consideran caviar. Si vinieras más seguido, te considerarían hígado picado".

La verdadera oportunidad parece llegar en un periodo muy breve de tiempo. No esperes demasiado para tomarla. Cuando el presidente de la empresa se reúne en muy raras ocasiones con los empleados, es probable que éstos la consideren de más valor que si la reunión sucede con frecuencia, o si es fácil conseguir que ocurra. Cuando llamas para pedir una reunión y se dificulta planearla, cuando llegue la junta es probable que la aproveches al máximo.

Ésta es la oportunidad que pierde la gente con demasiadas ideas. Cuando la oportunidad de escuchar una idea es común, la idea pierde valor incluso antes de ser expresada. Sé reservado con tus ideas y cuando las expreses, la gente las notará. A mis clientes que asisten a juntas les sugiero que sean reservados, que eviten hablar tanto como les sea posible. De esa manera, en las raras ocasiones en que hablen, la gente lo notará y los escuchará. Al volver escasa una oportunidad, incrementas su valor.

Las palabras clave para esta señal son *exclusivo*, *oportunidad limitada* y *por única ocasión*, ¡cada una de ellas envía el mensaje de que éste es el momento adecuado de hacer click con la idea!

Advertencias sobre la escasez

Dar tu atención y tu aprobación en pocas cantidades puede tener el efecto opuesto en la gente que las necesita en abundancia. Para empezar, los papeles podrían voltearse muy de prisa. Si no eres generoso con tu aprobación, la gente a quien se lo niegas podría hacer lo mismo. Crea algo de escasez al ser cuidadoso en elegir el momento y el lugar en vez de la cantidad, de esta manera se notará cuando lo hagas y esto te dará una ventaja.

Cinco maneras de enviar la señal de escasez

1. Guarda el secreto.
Cuando la gente te habla en confianza, pon lo que te digan dentro de una caja fuerte dentro de ti.

2. Habla en secreto.
Cuando le das a alguien acceso privilegiado —"Entre tú y yo..."—, esto le indica que lo que tienes por decir es algo valioso y que lo consideras tan especial que quieres compartirlo con él.

3. Crea una sensación de exclusividad.
No es necesario que aplique a toda la relación, aunque ésa es una manera de hacerlo, pero ofrece algo que evidentemente no está disponible para todos: "Eres la única persona a la que le he dicho esto". Ofrece algo de tu tiempo si tu agenda está a reventar: "Haré tiempo para vernos, pero sólo pueden ser cinco minutos". Ofrece tu asesoría si en general eres reservado: "No me gusta dar consejos, pero esto es lo que creo que deberías hacer". Comparte tus pensamientos más íntimos: "¿Puedo decirte algo que no le he dicho a nadie? También estoy preocupado". Comparte algo tuyo. Revela partes de ti que no sean evidentes: "Probablemente nunca te hubieras imaginado esto, pero..." Crea intimidad, por definición algo disponible en cantidades limitadas.

4. Encarna cualidades poco comunes en el mundo actual.
La escasez de cualidades como integridad, lealtad y honestidad te dan valor y credibilidad adicionales.

5. Ofrece algo difícil de obtener.
Esto puede ser tangible o intangible, un precio especial o una vista previa de algo, siempre y cuando sea algo de valor. Aquí no estoy hablando necesariamente de soborno, aunque podrías obtener una conexión de esa manera. A lo que me refiero es a ser parte de un grupo exclusivo, de tener acceso a información limitada o acceso privado a componentes clave de tu idea.

Cómo te pueden beneficiar estas señales

Con estas siete señales, cualquiera puede lograr que la gente haga click con ellos y con sus ideas. Las señales capturan la atención de los demás, y hacen que tus ideas sean emocionalmente atractivas, además de que añaden poder persuasivo a los datos, proporcionando así atajos que facilitan a la gente decidir que tus ideas son las ideas con las que quieren hacer click.

LAS SIETE SEÑALES DEL CLICK

Afinidad
- Hacemos click con gente que nos parece atractiva.
- Hacemos click con gente carismática.
- Hacemos click con quienes nos tratan con respeto.
- Hacemos click con lo que le gusta a la gente que nos gusta.

  Cinco maneras de enviar la señal de afinidad
  1. Comienza por las semejanzas.
  2. Trata a la gente con respeto.
  3. Hazle saber a la otra persona que te cae bien.
  4. Sé carismático.
  5. Cuida el contacto visual.

Comparación
- Hacemos click con la mejor de entre dos opciones.
- Hacemos click con la gente que comparte nuestras ideas de cómo debería ser la gente.

  Tres maneras de enviar la señal de comparación
  1. Elige con cuidado tu estándar.
  2. Distínguete de la multitud.
  3. Compárate contigo mismo.

Conformidad
- Hacemos click con ideas que pertenecen a la comunidad.
- Hacemos click con las ideas de la multitud más grande.
- Hacemos click con quien es popular.

  Cinco maneras de enviar la señal de conformidad
  1. Ayuda a otros a ser populares.

---

2. Únete a la comunidad.

3. Identifica objetivos comunes.

4. Confórmate a las expectativas de la otra persona.

5. Señala cómo encaja tu idea en sus expectativas.

Reciprocidad

• Hacemos click con las ideas de la gente que nos hace favores.

• Hacemos click con la gente cuando les hacemos favores.

• Hacemos click con la gente que hace sacrificios por nosotros.

Cinco maneras de enviar la señal de reciprocidad

1. Sé consciente de las necesidades de los demás.

2. Deja que los demás hagan cosas por ti.

3. Sé el primero.

4. Señala cómo tu idea le sirve a otros.

5. Hazles saber que estás dispuesto a sacrificarte.

Autoridad

• Hacemos click con la apariencia de autoridad.

• Hacemos click con las ideas de la gente con más experiencia.

Siete maneras de enviar la señal de autoridad

1. Compórtate con autoridad.

2. Habla por experiencia.

3. Vístete para ganar.

4. Enfatiza tus credenciales.

5. Acepta la responsabilidad.

6. Invoca a otras autoridades.

7. Se tú la autoridad.

Consistencia

• Hacemos click con la gente cuando sabemos que podemos confiar en ellos.

• Hacemos click con la gente cuando estamos a la altura de sus expectativas positivas.

• Hacemos click con la gente que pensamos que haremos click.

Tres maneras de enviar la señal de consistencia

1. Trata a la gente con consistencia.

2. Sé consistente con quién eres, lo que defiendes y lo que valoras.

3. Señala la consistencia.

Escasez

- Hacemos click cuando la gente nos hace sentir especiales.
- Hacemos click sólo en el momento preciso.

Cinco maneras de enviar la señal de escasez

1. Guarda el secreto.
2. Habla en secreto.
3. Crea una sensación de exclusividad.
4. Encarna cualidades poco comunes en el mundo actual.
5. Ofrece algo difícil de obtener.

CAPÍTULO 11

Presenta tu caso

Una vez que lograste el click inicial, tienes luz verde para compartir tus ideas. Para hacer esto de forma exitosa, para continuar el click, tienes que saber cómo compartir una idea y cómo comunicarla de forma convincente. La clave es lograr que las otras personas piensen que tu idea es, al menos en parte, de ellos. Para llegar a ese punto, sólo necesitas unas cuantas herramientas de comunicación clara y concisa.

Sé breve y sencillo

Durante el intercambio de ideas, lograrás más si dices menos. Quizá Franklin Roosevelt fue quien mejor lo expresó: "Sé sincero. Sé breve. Quédate sentado". ¿Con cuánta frecuencia te encuentras oyendo demasiadas palabras que no dicen gran cosa? Entre más escuches, probablemente menos te importe.

Practica dar tu mensaje en el menor número de palabras posible al tiempo que sigues apuntando a conseguir el resultado que deseas. Así es como se hace:

1. Da la información más importante primero.
Como hacen los periodistas, empieza con el punto más importante. Usa el menor tiempo posible para presentar una idea. Para describir este libro, por ejemplo, decir: "Se trata de cómo hacer conexiones" funciona mejor que: "Los libros de negocios son más populares que nunca debido a los problemas económicos, y me di cuenta de que tenía más que decir que lo que cubren mis otros libros, pero no creerías cuántas versiones tuve que hacer antes de dar con la forma apropiada de abordar el tema de cómo se conecta la gente…".

2. Sé específico.
Aunque tu fin es ser conciso, *no dejes fuera* detalles importantes como nombres, lugares y acciones, o a la gente le costará trabajo seguirte el hilo.

3. No digas todo.
Al menos no desde el principio. Presenta desde el inicio el punto neurálgico del asunto. Si la otra persona quiere más información, te la puede pedir. Y si no la necesita, no la molestarás innecesariamente.

4. Concéntrate en los objetivos, no en el proceso.
Si hay alguna cosa que quieras que alguien haga, dile el resultado esperado específico, en lugar de explicar detalladamente el proceso para llegar ahí. Eso lo puedes desglosar después, ya que hayas hecho click.

5. Elige palabras sencillas.
Utiliza palabras sencillas para facilitar que la gente haga click con tu idea. No intentes impresionar a nadie con tu vocabulario. Utiliza las palabras que expresen de forma más clara y directa tus pensamientos.

En las secciones que siguen, sugeriré más formas de organizar lo que dices para alcanzar los resultados que deseas. Todas funcionan mejor cuando tu primer paso ha sido despojar de todo lo innecesario a tu idea para llegar al corazón del asunto de forma rápida y clara.

Presenta tu caso con claridad

Que tu idea sea evidente desde el inicio. Dale a quien te escucha una razón para ponerte atención. Sé tan directo como te sea posible. Dile a la gente lo que le dirás y por qué. Porque al hablar con la gente lo último que quieres es que comiencen a pensar: "¿Por qué me estás diciendo esto a mí?".

(Antes de empezar, asegúrate de que *tú* tienes bien clara cuál es la idea.)

Di algo por el estilo de: "Tengo una propuesta para que hagamos *xyz*, y creo que te emocionará tanto como a mí. Te la presento ahora porque tenemos una ventana única de oportunidad que no durará mucho. Escúchame un poco y déjame darte los detalles más importantes".

Presenta tu caso con ejemplos y apóyate en cifras

Si quieres que tu idea haga click, tienes que hacerla memorable. Comienza usando un lenguaje claro e interesante, y afiánzalo con un ejemplo o una historia bien escogida. Un buen ejemplo sirve como un gancho en el que quien te escucha colgará todo lo demás que digas, lo que lo ayudará a recordar todo lo que oiga.

Las estadísticas casi nunca cuentan como lenguaje vivo o ejemplo memorable. El problema es que las estadísticas en sí mismas tienen una muy mala reputación en lo que se refiere a credibilidad. Esto es evidente por los refranes que hay sobre ellas: "Los números mienten, y los mentirosos son numerosos", "Las estadísticas se hicieron para nunca tener que decir que estás seguro de algo". Aunque las estadísticas apelan a nuestro sentido de lógica, no siempre son lógicas. Ochenta y siete por ciento de las estadísticas son inventadas. Y *eso* lo acabo de inventar.

Esto no quiere decir que no puedas usar estadísticas para fortalecer tu caso. Las cifras pueden apuntalar un caso, pero no pueden construirlo. Utiliza las estadísticas con mesura y recuerda que un dato sólo tiene sentido si está en un contexto significativo.

Por ejemplo, Diane está solicitando donaciones para la organización *Southern Oregon Land Conservancy* y con regularidad se reúne con donadores potenciales para explicarles la importancia de esta causa. Si le preguntas, podría decirte que, desde 1978, la SOLC ha conservado más de 3,200 hectáreas de granjas activas y ranchos, corredores pluviales, bosques y escenarios naturales. Podría decirte que en los cinco años que pasaron entre 2000 y 2005, la cantidad de tierra protegida por fideicomisos locales y estatales que usaron estímulos se duplicó a un cuarto de millón de hectáreas.

Pero no lo hace. En vez de ello, Diane habla sobre gente como David Atkin, quien creció a la orilla del Río Illinois, ya adulto compró su propia granja ahí y más tarde trabajó con un grupo de amigos y vecinos para crear un fideicomiso dedicado a la protección permanente de la ecología de la tierra que amaba. "Quería hacerle un lugar en el mundo a las granjas familiares. Quería cuidar el suministro de agua. Quería contribuir a la lucha por demorar el calentamiento global", explica. "Pero principalmente quería que mis nietos experimentaran la belleza de este lugar". Los números no cuentan la historia, David Atkin lo hace.

Cuando uses cifras:

- Procura que su significado sea lo más personal posible. "Una familia típica de cuatro personas ahorrará 250 dólares anuales en impuestos" generalmente suena más convincente que "Los recortes ahorran x miles de millones de dólares del presupuesto". Haz que los números sean reales, pon ejemplos y haz que la audiencia se conecte personalmente con ellos.
- Añádeles significado al convertirlos en imágenes mentales comunes. En vez de decir que algo mide más de doscientos metros, di que mide más que dos canchas de futbol.
- Convierte números grandes en números más pequeños. Di *8 de cada diez* en vez de *80 por ciento*. Y si es *83 por ciento*, redondéalo a *8 de cada diez* (a menos que la precisión sea importante).

Presenta tu caso y luego señala el camino a seguir

Dile a la gente lo que quieres que haga. Una cosa que he aprendido en mi trabajo a través de los años es que la gente sabe exactamente lo que *no* quiere. Sabe lo que no quiere ver, lo que no quiere oír, lo que no quiere decir, lo que no quiere sentir, lo que no quiere experimentar.

Pero si lo único que sabes es lo que no quieres, no sabes lo que *sí* quieres. O cómo conseguirlo. Si todas tus acciones tienen como origen una lucha en contra de algo o un alejamiento de lo que no quieres, en lugar de un intento por lograr lo que quieres, sólo terminarás con más cosas que no quieres.

Cuando quieras que la gente entienda tus ideas y qué hacer con ellas, dilo de manera clara. Sin dirección alguna, la mayoría de las personas simplemente siguen alejándose de lo que no quieren y terminan perdidas. Así que presenta tu caso y luego señala la dirección en la que quieres moverte. Entre más específica sea la dirección que señales, más fácil será que la gente considere ir hacia allá.

> Concentra la atención en explicar qué hacer y por qué hacerlo.

Sólo existen tres razones por las que la gente no acepta una idea: no sabe qué hacer, no sabe por qué hacerlo, o no sabe cómo hacerlo. ¡Así que diles tú lo que necesitan saber! Concentra la atención en explicar qué hacer y por qué hacerlo: si la gente quiere saber cómo, probablemente te preguntará.

Pero recuerda, señalar la dirección no es lo mismo que describir el camino.

Repite. Reelabora.

La repetición no sustituye a la convicción. Como dijo el poeta Ralph Waldo Emerson, "Aquello en que no creemos no podemos decirlo de forma adecuada, aunque repitamos las palabras todo el tiempo". Pero cuando tienes confianza en tu idea, la repetición puede ayudar a que tu idea haga click.

> Cuando tienes confianza en tu idea, la repetición puede ayudar a que tu idea haga click.

No puedes decir lo mismo vez tras vez, sin embargo. Di lo mismo de *una manera nueva*. Nuestros cerebros aman las cosas nuevas, pero también aman el refuerzo. Cuando repites una idea usando distintas palabras, esto le da a la gente la idea de que están oyendo algo nuevo que refuerza lo que ya saben. Es como el refrán del restaurante Crazy Larry: "¡Nuestra comida es sabrosa, pero deliciosa!".

En el mundo de la publicidad esto se llama "construir potencial de respuesta". Se supone que se necesitan siete exposiciones a una idea antes de que la persona pueda interiorizarla.

No obstante, con poco se logra mucho. Demasiada repetición se traduce en frustración y molestia. No te conviertas en el niño que va en el coche preguntando: "¿Ya llegamos? ¿Ya llegamos?".

Hay un número infinito de maneras de decir lo mismo de forma diferente, pero aquí te presento algunas de las mejores y más fáciles estrategias para reiterar sin sonar repetitivo:

- Usa palabras distintas para llegar a la misma idea. De ser necesario, consulta a tu buen amigo, el diccionario de sinónimos.
- Cambia el marco de referencia. Si ya hablaste sobre cómo aplican tus ideas a otros de forma general, habla sobre cómo aplica a alguien de forma específica o cómo aplica para *ti mismo*. O en lugar de hablar sobre tu idea en relación con el futuro, habla de tus experiencias en el pasado. Habla sobre cómo la has usado en tu trabajo si ya te has referido a su empleo en el hogar, y viceversa.
- Refuerza tu caso con un ejemplo. Ésta es una forma de reelaborar sin ser monótono.

Recuerda que con poco basta y sobra. Decir lo mismo de dos o tres formas distintas fortalecerá tu idea. Volver sobre lo mismo vez tras vez restará valor al mensaje.

La regla de tres

Se dice que la tercera es la vencida. La regla de tres es uno de los recursos retóricos más convincentes, poderosos y prácticos que se han inventado. También es uno de los más sencillos de emplear.

Un modelo de tres por lo regular es más memorable. Cuando presentes, expliques o resumas una idea, lograrás que sea más memorable si usas la regla de tres para establecer y completar el modelo.

Sea que se trate de una lista de tres puntos o tres frases que culminen en un solo punto, aplica los mismos pasos: primero establece un punto de referencia para tu idea; en segundo lugar, refuerza el punto de referencia, y al final introduce la idea en el espacio que has creado para ella. De esta manera construyes una expectativa para luego satisfacerla, plantando la idea en la mente de la persona con quien hablas. Por ejemplo, si quieres sugerirle a alguien una nueva forma de hacer crecer su empresa, podrías decir: "Tú quieres consolidar tu marca, ¿no?"(*paso 1*). "Esto significa que quieres que más gente se entere de lo que haces" (*paso 2*). "¿Has considerado la posibilidad de tener un programa de radio?" (*paso 3*).

Preguntas retóricas

Plantear preguntas y luego plantar las respuestas en la mente de quienes te escuchan puede hacer que una opinión suene más como un hecho aceptado. Esto sirve para inclinar el territorio hacia un consenso. Y el formato de pregunta y respuesta les ahorra a quienes te escuchan el trabajo de pensar, lo que siempre es bueno y prepara el terreno para el click.

> Haz que tus opiniones suenen como hechos aceptados.

Por ejemplo, supongamos que quieres expresar tu opinión sobre la propuesta de un colega. Podrías decirlo directamente y abrir el tema para su discusión: "Creo que la propuesta es buena". O bien, podrías preparar el terreno para obtener un acuerdo entre los presentes diciendo: "¿Es la propuesta de Joe la mejor para nuestro caso? Evidentemente lo es".

Para lograr un click aún más poderoso, combina las preguntas retóricas con la regla de tres. Haz tres preguntas retóricas que tengan la misma respuesta: "¿Ha hecho Joe bien su trabajo? Sí, y esto salta a la vista. ¿Ha propuesto algo factible? Claramente así es. ¿Ha llegado el momento de dejar de hablar de ello y poner manos a la obra?". Haz una pausa y a continuación di: "Sí, éste es el momento", pero ese tercer sí ya ha aparecido en la mente de quienes te escuchan *antes* de que lo digas debido al modelo que estableciste. Al decirlo, sólo has confirmado una idea que ya estaba en sus mentes.

Sin embargo, ten presente que las preguntas retóricas pueden usarse para poner a la gente a la defensiva, lo que conduce a la ausencia de click. Esto sucede cuando una persona hace una declaración en forma de pregunta que implica o dice algo negativo sobre alguien más. Frases como "¿A dónde crees que vas?", "¿Algún problema con esto?" y "¿Cuántas veces tengo que

decírtelo?" son chocantes por el tono en que se dicen y por la carga negativa del lenguaje.

En resumen, ¿son útiles las preguntas retóricas? Sí. ¿Tienes que usarlas sólo de vez en cuando para que tengan mayor efecto? Sí. ¿Debes tener
cuidado sobre cómo las usas para que la gente haga click contigo y con tus
ideas? En definitiva.

Haz más con menos

Al tomar lo que sabes sobre las necesidades, motivaciones y valores de una
persona y luego presentar tus ideas usando las señales y estos lineamientos,
puedes comunicar tus ideas de forma que hagas un click más convincente
y poderoso. Como siempre, ten cuidado de no exagerar en la aplicación de
estas herramientas. Úsalas para mejorar tus interacciones, no para regirlas
por completo. Piensa en ellas como un sazonador, no el platillo principal.
Si las usas demasiado puedes sobrecargar a la otra persona. Si las usas muy
poco, su poder se diluirá. En la medida precisa, lo que sea que presentes será
el platillo más delicado al paladar y el más fácil de digerir.

CAPÍTULO 12

Obstáculos en el camino

Siempre que apeles a las necesidades, motivos o valores de una persona, puedes esperar contar con un click satisfactorio con tus ideas; sin embargo, a pesar de todo lo que has aprendido y aplicado, y sin importar qué tan bien organizada esté tu presentación, en ocasiones no lograrás transmitir tu idea con éxito. Hay algo en el camino: obstáculos.

Los obstáculos tienen lugar cuando la actitud de alguien le dificulta aceptar, implementar o cambiar su manera de pensar. Pueden presentarse de varias maneras: confusión, inhibición, culpa y arrogancia, entre otras, que analizaremos a lo largo de este capítulo.

Para lograr que la gente haga click con tus ideas, no tienes que convencerlos. Tienes que ayudarlos a convencerse a sí mismos.

Sólo la propia gente puede cambiar su forma de pensar. Tú no puedes hacerlo por ellos. Lo que sí puedes hacer es proporcionarles un momento de reflexión personal, una oportunidad de escuchar sus propias palabras y, en muchos casos, escuchar sus propios pensamientos. En otras palabras, puedes armar el escenario para que el cambio ocurra. Lograr que la gente haga click con tus ideas no se trata de convencerlos. Se trata de ayudarlos a convencerse a sí mismos.

Ten presente que podría ser la otra persona quien está colocando el obstáculo, pero éste podría venir de ti. Así que asegúrate de haber allanado tu propio camino antes de comenzar a limpiar el de alguien más.

Las preguntas correctas

Cuando llegue el momento de avanzar, no importa con qué obstáculo te topes, tu herramienta más poderosa es una simple pregunta. Las preguntas pueden ayudarte a sortear las distintas barreras y volver al camino del click.

Pero tienes que elegir la pregunta correcta. Para hacerlo, tienes que identificar con qué obstáculo te enfrentas. Así que las descripciones de cada uno de ellos a continuación incluyen información para determinar su tipo. También aprenderás las líneas de cuestionamiento específicas, que son más efectivas para cada tipo de obstáculo. Pero hablando en general, puedes valerte de preguntas para lograr que una conversación desviada vuelva al buen camino, llevar a la gente en la dirección que deseas, reunir más información, solicitar llegar a un acuerdo, invitar a la reflexión o desatar una reacción emocional. La forma de saber con certeza qué significa lo que alguien quiere decir es hacer preguntas. La forma de saber qué significa tu idea para alguien más es hacer preguntas después de que la persona te escuchó.

Las preguntas funcionan mejor que las afirmaciones cuando hay un obstáculo, porque cuando afirmas algo, la gente sólo tiene dos opciones: estar de acuerdo o no. Pero una pregunta bien formulada animará a la gente a pensar, sin importar si están o no de acuerdo contigo. Y si no lo están, pensar en cómo responder tu pregunta puede llevarlos a algo importante que no habían considerado, lo que incrementa tus probabilidades de hacer click.

Considera, por ejemplo, la relación de Suresh con su gerente, Matt. Cuando parecía que todas sus sugerencias sobre cómo facilitar el proceso de diseño de productos se daban de frente con la pared, Suresh usó preguntas inteligentes para dar un giro a las cosas. En vez de decirle a Matt sus ideas de forma directa, hizo un sencillo cambio y las planteó como si fueran preguntas. Dijo: "Matt, necesito tu ayuda con algo. Si intentara hacer las cosas de esta forma, ¿qué crees que ayudaría a mejorar?". Cualquiera que fuera la respuesta, Suresh podía continuar haciendo más preguntas. Tantas como fuera necesario, hasta que Suresh entendía y aceptaba un *no*, o hasta que Matt daba su aprobación. Sin las ideas en constante pugna, toda la dinámica de su relación cambió para mejorar.

Todo está en las preguntas.

Es posible hacer demasiadas preguntas, o hacerlas demasiado rápido, lo que ocasionaría que la persona se sintiera interrogada y, a su vez, esto causaría más comportamiento defensivo, en lugar de derribar las barreras. En este caso, también debes seguir las reglas para hacer preguntas que cubrimos en los capítulos anteriores, como recapitular antes de hacer preguntas y asegurarte de obtener una respuesta verdadera a cada una, aun si esto te obliga a repetir o reformular la pregunta.

En ocasiones te darás cuenta de que las preguntas que haces se salen del buen camino, en vez de darte acceso a una vía abierta. Si te tropiezas al intentar retirar un obstáculo, recupérate, retrocede, recapitula e intenta con otra pregunta.

Obstáculo número 1: confusión

Cuando se interpone la confusión en el camino del click, es que tú o la persona con quien estás hablando carecen de cierta información. La sobregeneralización, que ocasiona que se pierdan detalles clave, es la causa más común de la confusión.

Puedes ayudar mucho a evitar la confusión si eres específico. Evita hasta donde puedas hacer generalizaciones del tipo *todo* y *nada*, *todos* y *nadie*, y *siempre* y *nunca*. Cuida el uso ambiguo del pronombre implícito *ellos* cuando no especifiques a quién te refieres. ("Dicen que tales empresas están en problemas..." ¿*Quién* lo dice? ¿*Cuáles* empresas?) Sé tan específico como puedas y asegúrate de incluir los detalles que más necesite la otra persona (como *quién*, *qué*, *dónde* y *cuándo*).

Cuando estés confundido sobre lo que alguien te dice, pide la información que te falta. ¡No empieces a adivinar y completar lo que tú *piensas* que falta! Esto sólo conduce a más confusión. *Pregunta* lo que necesites saber hasta haber llenado todas las lagunas. Haz preguntas específicas que te den respuestas específicas. Pregunta hasta estar seguro de que entiendes a la otra persona.

Cuando la gente está más confundida es posible que apenas se dé cuenta. Hacer preguntas también puede ayudarlos a comprender exactamente qué es lo que querían decir.

Una vez que aclares las cosas, tu idea tiene más probabilidades de hacer click.

Obstáculo número 2: llegar a un punto muerto

Dos cosas pueden crear un punto muerto: o no hay un plan elaborado con anticipación, o alguien toma una decisión indeseable. Para superar este obstáculo, concéntrate en averiguar cómo llegaste ahí y usa esa información para concentrarte en cómo avanzar.

□ **Encuentra el camino que ya habías emprendido.**
Si es evidente que alguien ya tomó una decisión o llegó a una conclusión, puedes preguntarle cómo llegó ahí. Escucha el proceso mental involucrado; quizá puedas estimular este mismo proceso para ayudar a la persona a tomar una decisión distinta. Saber cómo piensa puede ayudarte a refinar tu enfoque y llegar al click.

Considera el caso de Janelle, vicepresidente de una compañía de seguros, y Lillian, directora de *Marketing* y servicios al cliente, y su discusión sobre la mejor manera de reaccionar a la pérdida de su principal cliente debido al mal momento económico. Lillian cree que la mejor manera de responder a un mal momento en la economía es ser proactivo en vez de reactivo: mejorar los productos y servicios existentes para los clientes actuales y desarrollar nuevos productos para atraer nuevos clientes. Cuando habla con Janelle sobre su idea, Janelle declara que ya tomó una decisión y que sabe qué hacer. Hay que despedir a parte del equipo creativo de Lillian. Lilian piensa que es una pésima idea. Después de un poco de discusión, Lillian se da cuenta de que están en un *impasse*. Sabe que discutir con ella no cambiará la opinión de Janelle y podría incluso fortalecer su postura, así que Lillian decide intentar con un nuevo enfoque:

"Entiendo, ya tomaste una decisión. Pero, por favor, ayúdame a entender, ya que es algo que afecta a mi equipo. ¿Cómo tomaste esa decisión?".

Janelle contesta: "Revisé las cifras, hablé con mis asesores y llegué a esta dolorosa decisión".

Lillian recapitula lo que acaba de oír y pregunta: "Tengo curiosidad, ¿qué cifras analizaste?". Y cuando tiene la respuesta a esta pregunta, continúa: "¿Con qué asesores hablaste?". Y finalmente, pregunta: ¿Cómo llegaste a esa decisión basándote en esas cifras y el consejo de esos asesores?".

Cada pregunta tiene el potencial de proporcionar información valiosa, a la vez que le da a Janelle más información sobre su propio proceso mental. Janelle podría descubrir algo que no ha tomado en cuenta.

Y al conocer el proceso por el que Janelle alcanzó su decisión, Lillian adquiere una nueva oportunidad para presentar su propia idea. Puede sugerirle a Janelle que considere otras cifras, como el dinero que la empresa ha invertido en el entrenamiento de los empleados y el costo de perder más clientes inconformes. Finalmente, le puede sugerir a Janelle que hable con otros asesores que quizá tengan un punto de vista distinto. Luego, puede pedirle a Janelle que reconsidere su decisión.

Las preguntas de Lillian no necesariamente resolverán algo, pero pueden cambiarlo todo.

□ **Traza un camino hacia adelante.**
Las ideas tienen un ciclo de vida. Primero nace la idea, se le ocurre a alguien. Al principio puede atraer a la gente. Se crea un impulso. Crece la emoción. Y luego...

... Nada. Sin detalles específicos sobre cómo proceder, sin un plan para avanzar, la idea se estanca. La atención se desvanece, aparece la desidia y eventualmente la idea se diluye en la historia y se olvida. O la idea puede simplemente quedarse ahí, sin desaparecer, pero tampoco avanzar.

Para evitar este ignominioso fin e inyectar a tu idea una vida útil más larga, tienes que trazar el camino. Y puedes lograr que una idea que se está quedando de lado comience a moverse de nuevo si defines un camino. Si no hay camino claro, haz preguntas sobre cómo encontrarlo. Sigue tus preguntas *quién, qué, dónde* y *cuándo* con una más, *cómo:* "¿Cómo avanzamos desde aquí?". Y si esto no encuentra respuesta, entonces pregunta: "¿Cómo podemos averiguarlo?". Pregúntale a alguien más, a un experto, investiga y vuelve con el resultado de tu investigación. Haz un plan de acción y síguelo, un paso a la vez.

Las preguntas que comienzan con *cómo* pueden poner al descubierto la información que ayudará a plantear nuevas metas y señalar el camino para alcanzarlas. Pueden reavivar el interés y la motivación. Mirar hacia adelante es el primer paso para ir hacia adelante. Enfrentar los problemas y hacer planes son formas en sí mismas de avanzar. Un solo paso es movimiento. Una serie de pasos es un impulso.

> Mirar hacia adelante es el primer paso para ir hacia adelante.

Trazar el camino fue lo que cambió las cosas en la Empresa de Diseño XYZ. A los empleados nunca les hacían falta ideas. Un mes alguien proponía la idea de una tostadora programable inalámbrica. Al mes siguiente, un soplador de hojas silencioso. Estas ideas novedosas emocionaban a todos, pero luego pasaba el tiempo e inevitablemente quedaban en el olvido.

El departamento de producción siguió funcionando igual que siempre hasta que en XYZ aprendieron a trazar el camino. ¿Cómo funcionaría la programación de la tostadora? ¿Cómo lograr que fuera económicamente viable? ¿Cómo funcionaría el silenciador en el soplador de hojas? ¿Cómo lo promocionarían? Las respuestas los ayudaron a descartar ideas imprácticas y llevar las mejores a un final exitoso. Se asignaron responsabilidades, se identificaron los recursos y cada equipo recibió órdenes específicas. Yo, por mi parte, ¡espero que el soplador de hojas silencioso llegue a las tiendas!

Obstáculo número 3: atascarse

Las ideas se quedan atascadas cuando dejan de moverse o cuando la gente pierde la perspectiva. Una vez que una idea se ha quedado empantanada, entre más trates de sacarla, más patinan las llantas y más se atasca en el lodo.

Puedes escuchar cuando se atasca una idea. Las palabras mismas que se usan para expresarla se vuelven pasivas y vacías. Los verbos se "congelan" en sustantivos estáticos. Se habla mucho de "servicio al cliente" y "excelencia en los negocios", pero los conceptos han perdido significado porque están divorciados de las acciones en su origen: servir y sobresalir. Las ideas se atoran cuando se convierten en *cosas* en lugar de *procesos* o *acciones*.

Analiza el lenguaje que usas para asegurarte de que es activo y no pasivo.

Para desatascar una idea y lograr que haga click, haz una pregunta que contenga la forma activa de la palabra clave para poner las cosas de nuevo en movimiento. Recobra la perspectiva analizando el asunto desde un punto de vista crítico. Concentra tu atención en la acción para que las cosas se muevan. Analiza el lenguaje que usas para asegurarte de que es activo y no pasivo. Si la junta de la empresa acerca de "servicio al cliente" parece precipitarse al vacío, por ejemplo, intenta con las preguntas: "¿Cómo *servimos* a nuestros clientes? ¿Cómo *deberíamos* servir a nuestros clientes?".

Obstáculo número 4: inhibición

Hay al menos dos enfoques para todo en la vida. Puedes creer que todo es posible o puedes creer en las limitaciones. La vida es un ejercicio de profecías autorrealizables, así que si crees que cualquier cosa es posible, es más probable que veas las posibilidades. Por otro lado, cuando una persona cree que algo no puede hacerse, encontrará evidencia para apoyar esa creencia. Quizás has escuchado el refrán que dice: "Todo lo que imagines y creas lo puedes realizar". La persona inhibida lo dice de manera distinta: "Todo lo que no puedo imaginar, lo creo". Cuando la gente cree que sus opciones son limitadas, no se sentirán inspirados a hacer posible lo "imposible".

La inhibición puede circunscribirse a una situación. Una persona que puede ver las posibilidades de una idea aún podría ser capaz de ver sólo limitantes a la hora de considerar otra. Sea de forma general o específica, una persona inhibida detiene una idea al preocuparse únicamente de identificar restricciones y luego poniéndolas fuera de su control.

Esto también es posible escucharlo en las palabras que se pronuncian. Palabras como *no es posible* y *tengo que*, *debería* y *debe* plagan su vocabulario. La elección de palabras ata y detiene las ideas. La gente que realmente cree en sus limitantes intercambia su instinto creativo por tales razones restrictivas. Aceptan las limitantes que creen que hay en su camino y asumen que debe estar ahí por alguna razón. Encontrar la razón para esa limitante es el camino más difícil, pero vale la pena explorarlo.

Dana trabaja en una tienda de zapatos de descuento. Un día, una cliente de nombre Suzanne preguntó por una promoción, pero todos los zapatos de ese tipo se habían agotado. Suzanne preguntó: "¿Les van a llegar más?". Dana contestó: "No lo sé". Suzanne preguntó: "¿Puedes averiguar?". Y Dana dijo, con lo que sonaba a una gran convicción: "No, no puedo". Suzanne insistió: "¿Qué te impide hacerlo?". Dana tuvo que pensar un momento. "Estoy haciendo inventario." Suzanne le presentó una idea. "¿Podrías averiguar primero y luego terminar el inventario?" Y Dana contestó: "Mmm... bueno". Dana podría haber llegado antes a esa conclusión, pero no podía ver más allá de la idea de sus propias limitaciones. Suzanne, no queriendo perderse el especial, le pidió ayuda haciendo preguntas sobre el obstáculo y luego sugirió un camino haciendo otra pregunta.

La inhibición también puede interferir con tus relaciones. Esto es lo que ocurre cuando te cae mal alguien de entrada o sacas conclusiones sobre alguien con base en información limitada. Quizás asumes que, por ser demócrata, no puedes conectar con el republicano que acabas de conocer, o viceversa. A causa de esta inhibición, ni siquiera lo intentas. O quizá dejas pasar la oportunidad de conversar con alguien porque lo viste disfrutando un hábito que no puedes, o no quieres, tolerar.

¿Cómo quitas el obstáculo de la inhibición? No sirve de nada discutir con alguien que cree en sus propias limitaciones. En vez de ello, trata de descubrir cómo funcionan estas limitaciones. Cuando alguien te diga: "No puedo", averigua qué es lo que lo detiene. Cuando alguien diga que "debería de", averigua qué sucedería si no hace tal cosa.

Sea que se trate de miedo o dudas, averígualo.

Cuando le das a una persona inhibida la oportunidad de escuchar sus propias ideas en la presencia de una persona que puede ver las posibilidades, el obstáculo comienza a caer. El simple acto de responder tus preguntas puede ser suficiente para dirigir su atención en una nueva dirección.

Cuando la gente cree que una limitación es real, esto la inhibe. Para quitar este obstáculo, tu primera tarea es identificar los factores de inhibición que rodean la aceptación de tus ideas. Sea que se trate de miedo o dudas, averígualo.

En el capítulo 5 hablamos del miedo como motivador. Si sabes de alguien a quien el miedo lo inhiba, una opción es plantear tu idea en términos de aquello a lo que debería tener miedo *si no* acepta tu idea.

Nan tiene un aparato especializado de ejercicio en su gimnasio. Mejora la circulación por medio de sacudir ligeramente todo el cuerpo. Un día invitó a su cliente, Alice, a probarlo.

Alice miró el equipo y se alejó de inmediato. "No, no me interesa".

Nan preguntó: "¿No te interesa? ¿Este *increíble* aparato? ¿Te importaría decirme qué es lo que no te interesa de él?".

Alice dijo: "Se ve incómodo".

Nan preguntó: "¿De verdad? ¿Incómodo cómo?".

Alice respondió: "Dios, me daría pena usarlo. Me sacudiría la grasa y me vería ridícula".

"Entiendo lo que quieres decir sobre verse ridículo, pero ¿qué parte de sacudir la grasa es ridículo?"

Avergonzada, Alice admitió: "Bueno. Cualquiera que pasara vería mi gordo trasero sacudiéndose a alta velocidad. ¡Qué cosa tan horrible!".

Nan lo pensó un momento. "Eso es interesante. ¿Sabes qué vería yo? Vería a alguien que está haciendo algo para ponerse en forma y no verse ridícula."

Y Alice, al hacer click con esa idea, finalmente cedió. "Está bien, déjame probarlo."

Cuando sabes qué le da miedo a alguien y cómo piensa, puedes abrirle nuevas posibilidades. Apelar a sus procesos mentales y ayudarla a alejarse de sus limitaciones te ayudará a que haga click con tu idea

Obstáculo número 5: todo o nada

En las relaciones, la resolución de problemas, y especialmente en el ámbito creativo, la mentalidad de todo o nada es un obstáculo que se interpondrá siempre en el camino del click.

No hay algo inherentemente equivocado al pensar en extremos. A veces esto puede ayudar a ver el panorama completo o poner las cosas en perspectiva, de la misma manera en que en ocasiones ir de lo general a lo particular es más útil. Sin embargo, cuando alguien opera siempre sólo de esta forma, ignorando a toda la gente, los lugares y las cosas específicas a su alrededor, y favoreciendo una forma de pensar en blanco y negro, se vuelve imposible hacer click.

Afortunadamente, este obstáculo es fácil de identificar y eliminar. Cuando oigas palabras como *todos, todo, siempre, nunca, nadie* y *nada*, sabrás que te enfrentas con una mentalidad de todo o nada. Para demoler este obstáculo es necesario que hagas las preguntas correctas diseñadas para obtener una respuesta específica. Si escuchas que alguien dice que "todo el mundo" estaba ahí, averigua exactamente quién asistió; si es algo que "siempre" ocurre, indaga cuándo específicamente sucede. Y así por el estilo. Una vez que tengas un ejemplo específico, ofrece un ejemplo en sentido contrario — alguien que no fue o una vez en que no ocurrió— y el obstáculo se desmoronará.

□ **Exagera.**

Si las preguntas básicas y los ejemplos no bastan para que alguien suavice su perspectiva en blanco y negro, trata de exagerar la pregunta. Si la llevas a los extremos arrojarás luz sobre lo inverosímil de su punto de vista y quizá logres que se abra.

Digamos que Tom te está contando sobre una presentación que acaba de dar y a la que no asististe. Tom quiere recalcar tu ausencia e insiste en que todo el mundo fue.

Desafíalo. Di: "¿Todo el mundo? ¿Todas y cada una de las personas que componen la organización? ¿Nadie se reportó enfermo ese día, u olvidó la junta?".

A menos que quiera quedar como un mentiroso, probablemente Tom retrocederá: "Bueno, no *todo el mundo*, por supuesto, pero eso sí, había gente de pie mientras di la presentación y contesté las preguntas".

Este tipo de exageración tiene que aplicarse con cierto grado de discreción y humor. Si das la impresión de estar burlándote o desaprobando el comportamiento de la otra persona, tu reacción caerá mal. Así que el uso de la exageración es un ejercicio en el incremento sutil del tono de voz y energía. Asegúrate de que las señales no verbales que envías indican que estás de parte de la otra persona y que simplemente estás haciendo preguntas para explorar los alcances de lo que dice.

□ **Utiliza la mayor exageración que hay: concede.**

Cuando una persona que piensa en términos de todo o nada se ve acorralada, puede polarizarse en contra de todo lo que digas. Ya no pensará en lo que está diciendo, simplemente se mantendrá en su posición radical.

Éste es el momento perfecto para sacar el arma más poderosa: decir que estás de acuerdo. Simplemente dile: "Tienes razón". No estará preparada para que estés de acuerdo con ella, así que tendrás toda su atención. Luego, repite y exagera su punto.

En una de mis presentaciones, una mujer se levantó de su asiento y declaró que nada de lo que yo había dicho servía. Después de un breve intercambio, finalmente me di cuenta de lo que tenía que hacer. Le dije: "Bueno, entonces supongo que tienes razón. No servirá". Hice una pausa: "No para ti, al menos. De ninguna manera en ninguna circunstancia, ni ahora ni nunca. ¡Ni siquiera tú misma podrías encontrar una forma de hacerlo servir!".

En ese momento, ya no pudo decir nada porque yo lo había dicho todo. Comenzó a contestar, pero antes de que comenzara a discutir consigo misma, llevé la conversación en una dirección distinta.

"Me interesa saber qué te llevó a esta conclusión; por favor, ven a conversar conmigo al final del día". Luego, seguí con la conferencia como si estuviéramos completamente de acuerdo.

Al final del día se me acercó y se disculpó. Una vez que tuvo tiempo de pensarlo bien, su argumento no tenía sentido ni siquiera para ella misma. A continuación me pidió un consejo sobre algo completamente distinto que la estaba molestando. Mi estrategia había abierto un lugar para la posibilidad. Era todo el espacio que ella necesitaba para poder hacer click.

Obstáculo número 6: culpa

Culpar a otros está en el origen de muchos conflictos. Es tan común que mucha gente ni siquiera se da cuenta de que lo hace. Mientras la otra persona se apresure a culpar a alguien o algo, será difícil hacer click. Es demasiado fácil señalar con el dedo y convertirse en víctima, en vez del creador de la experiencia propia.

Para ir más allá de la culpa y hacer click, tienes que diferenciar la causa del efecto. Como he explicado antes. La mejor forma de llegar al fondo de cualquier problema es hacer preguntas. Cuando las preguntas adecuadas le ayudan a la otra persona a reconocer y aceptar que la causa de un problema está en ella misma, que la resolución está bajo su control, podrías después de todo llegar a hacer click.

Imagina que vas en el asiento del pasajero en el auto de un amigo. Sucede que eres un pasajero especialmente nervioso y que tu amigo toma las curvas a mucha velocidad y va rebasando por derecha e izquierda. Aferrado al cinturón y con los ojos cerrados, le imploras: "¡Bájale!".

Sorprendido por tu reacción, tu amigo trata de defenderse: "¡Ese auto me estaba echando las luces, no es mi culpa!".

Miras hacia atrás y el auto más cercano está a quinientos metros. Parece que, incapaz de hacer otra cosa, ¡tu amigo le cedió el control del volante al conductor de otro auto! Podrías gritarle, lo que sólo llevaría a más peligros al volante. O bien, si quieres llegar a algún lado (en una pieza), podrías preguntar: "¿Cómo es que las luces te hicieron acelerar?".

Puede que te cueste algo de trabajo, pero tarde o temprano tu acompañante llegará al origen del problema. Puede que no suceda de forma inmediata, pero las preguntas te llevarán hacia allá. No es necesario que se trate de una persona consciente o reflexiva. Puede que la otra persona ni siquiera sepa la respuesta a lo que estás preguntando antes de que lo preguntes. Pero cuando lo hagas, te contestará. Con tus preguntas, la invitas a la reflexión. Así que tu amigo, al que le echaron las luces, podría admitir: "Me sentí presionado".

Una vez que logre nombrar el problema, la conversación puede tomar un giro más productivo y juntos podrán determinar qué hacer para evitar a ese molesto auto y otras presiones en el camino. En vez de discutir sobre si debería haber cambiado de carril o simplemente seguir manejando a una velocidad segura, tú y tu amigo evitaron el obstáculo y volvieron a hacer click.

El juego de la culpa es una fórmula tan vieja como el tiempo mismo, pero generalmente preguntar cuál es el problema más inmediato basta para que la gente descubra lo que en verdad está pasando y actúe en consecuencia. Cuando estás intentando hacer click con alguien que tiende a culpar a otros, no tiene caso discutir. En vez de ello, cuando alguien bloquee tu idea asignando culpas, trata de averiguar la conexión entre causa y efecto.

Analicemos un escenario más relacionado con el mundo de los negocios. Hace unas semanas, a Cindy le pidieron que preparara una presentación con Janelle, que desafortunadamente no estuvo lista a tiempo. En vez de aceptar la responsabilidad por no entregar a tiempo el trabajo, Cindy insistió en que el equipo podría haber entregado a tiempo de no haber sido por Janelle.

En vez de discutir con ella, lo mejor que puedes hacer es preguntarle a Cindy: "¿Cómo sabes que habrías terminado a tiempo?".

Probablemente Cindy responderá: "Es evidente, Janelle se atrasó en el último proyecto".

Ésta es la oportunidad de ofrecerle a Cindy una explicación alternativa para la deficiencia de Janelle. Haz una pregunta que obligue a Cindy a ver la situación desde una nueva perspectiva.

"¿Cuáles fueron las diferencias entre estos dos proyectos? ¿Qué materiales necesitó ella y cuándo le fueron entregados?"

La gente puede sacudirse el comportamiento de asignar culpas si comienzan a ver el problema desde una óptica distinta. Con mucha frecuencia, no importa lo razonable que pueda parecer esta asignación de culpas, se encuentra enraizada en ideas sin fundamento que no resisten el escrutinio. Hacer las preguntas adecuadas puede revelar los argumentos circulares, eliminar la culpa de la ecuación y limpiar el camino para un click.

Esto es lo que sucedió en Dan's Electronics cuando Julia halló un nuevo enfoque para discutir el mal momento de la tienda con el dueño. Dan tenía millones de razones por las que las ventas se estaban desplomando, y ninguna era responsabilidad suya. Las ventas por internet lo estaban matando, los precios de los combustibles eran demasiado altos y, por cierto, la economía estaba por el suelo. "Nada podemos hacer sino rezar por un milagro", decía con frecuencia.

Siempre optimista, Julia quería adoptar un enfoque más proactivo para mejorar la tienda y, con ella, sus prospectos de empleo. Pero como Dan estaba empeñado en culpar a causas externas del mal desempeño de la tienda, Julia le preguntó directamente: "Ayúdame a entender esto. ¿Cómo exactamente el mal momento económico evita que los clientes vengan a la tienda?".

Dan contestó, como si fuera obvio: "Nuestros productos son artículos de lujo. Nadie los quiere".

"¿Quién no los quiere?", insistió ella.

"Vamos, Julia, acéptalo. A la mayor parte de la gente no le interesan nuestros productos."

Julia pidió un ejemplo. "Dices que a la mayor parte de la gente no le interesa nuestros productos. Pero algo te hizo pensar que poner este negocio era una buena idea, ¿no es así? Entonces, ¿quién *sí* los quiere?".

Dan no supo qué decir. "Nadie," repitió.

Julia entonces exageró su respuesta. "¿Nadie? ¿Ni una persona? ¿O familia? ¿O grupo? ¿Nadie en absoluto?".

Dan se rió. "Está bien, bueno quizá haya alguien que quiera cámaras y reproductores de música, pero maldita sea si sé quiénes son o dónde están".

Esto le dio a Julia una idea. "Quizás ése es el problema, Dan. No hemos identificado quiénes son o dónde están. ¿Qué estamos haciendo al respecto?"

Dan se detuvo un momento antes de decir: "Aparentemente, no lo suficiente".

Julia había presentado su introducción perfectamente. "Quizá la economía nos matará. Pero no tenemos que ayudarla. Tengo algunas ideas para mantener con vida a esta tienda".

Luego, pasó a sugerir incrementar el inventario de artículos de bajo costo para atraer a clientes en busca de ofertas, ofrecer promociones especiales para grupos y otros beneficios para clientes frecuentes. No pasó mucho tiempo antes que Dan sonriera y asintiera, además de decir: "¿Sabes qué, Julia? Tienes razón. Analicemos estas sugerencias y veamos cuáles funcionan".

Click.

Obstáculo número 7: excusas

Las excusas *parecen* proporcionar una razón creíble para hacer o no algo, pero en realidad sirven para ocultar la *verdadera* razón. Para eliminar este obstáculo necesitas ayudar a la gente a descubrir y expresar la verdadera razón por la que está evitando el problema.

> Las excusas sirven principalmente para ocultar la *verdadera* razón.

Todos hemos dado excusas, pero llegar al fondo del asunto es una cosa completamente distinta. Lo mejor que puedes hacer es preguntar directamente por qué la excusa que se ofrece es una razón viable para no hacer algo. Esencialmente, quieres crear una situación en la que el individuo que está dando la excusa puede observarse y realmente entender lo que hay en el fondo.

Cuando abres la puerta a ese momento de reflexión, abres la puerta al *click*.

Considera lo siguiente.

Leopold acababa de recibir un premio en su empresa por el desarrollo de un sistema de entrega de mensajes eficiente. Debido a lo prestigioso del premio, tenía que viajar fuera del estado hasta las oficinas centrales para aceptarlo. Nancy, su novia, aunque se sentía orgullosa de sus logros, insistió en que no podría acompañarlo. "Tengo que entregar algo", le dijo una tarde, durante la cena.

Leopold, muy dolido, no podía entender el problema. "¿Cómo es que tu entrega evita que vengas?"

Nancy contestó: "Lo siento, Leo, pero me quedan sólo tres semanas y la cena cae justo en medio".

"No entiendo", insistió. "¿Cómo es que ir a una cena una noche te dificultaría más cumplir con tu fecha de entrega?"

"No podría trabajar para nada mientras estamos fuera", contestó Nancy.

Aún no contento, Leopold asintió, como si entendiera, pero no podía borrarse la confusión del rostro. "Ayúdame a entender esto. ¿Cómo es que el viaje interfiere con que hagas tu trabajo?"

Así que Nancy le explicó. "Bueno, cuando viajo me gusta relajarme y disfrutar, ¿sabes? Pasármela bien".

"Entiendo", estuvo de acuerdo. "¿Nunca te ha pasado que tomarte un día libre te ayuda a concentrarte mejor cuando vuelves al trabajo?"

Entonces fue que Nancy se dio cuenta de que algo de tiempo lejos del trabajo podría ser justo lo que necesitaba para cumplir con su entrega. Podía hacer el viaje, disfrutar la cena y aún así terminar su trabajo. Sólo necesitaba algo de ayuda para ver las cosas desde esa perspectiva.

Obstáculo número 8: proyección

Cuando las opiniones prematuras de alguien sobre ti o tu idea bloquean la capacidad de esa persona de aprender algo sobre ti o tu idea, te has topado con el obstáculo de proyección.

La proyección ocurre cuando una persona toma algún aspecto, característica, cualidad, pensamiento o comportamiento personal, y lo proyecta en otra persona. Con frecuencia los precursores de la proyección son la desinformación y la malinterpretación. Sorprendentemente, éste es un comportamiento humano normal, pero no siempre tiene que ser negativo. Algunas formas de proyección —como la empatía y la intuición— pueden de hecho ayudar a que el click suceda.

Antes de poder hacer click, necesitas saber algo sobre la persona, y esa persona necesita saber algo sobre ti. Si la información sobre la que está actuando proviene únicamente de su proyección, el click es imposible. Y discutir con alguien sobre lo que *cree* que es verdad no tiene sentido.

Para evitar este obstáculo, siempre debes asumir que a menos que alguien *te diga* lo que está pensando, no hay forma de que lo sepas. Si quieres saber lo que está pensando, o si quieres cambiar lo que piensa de ti, lo único que tienes que hacer es preguntar.

Galib vende programas de entrenamiento para ayudar a las universidades a desarrollar el reclutamiento en línea. Cuando habló sobre este servicio con Cheryl, la administradora de una universidad, ésta se mostró interesada en la línea de productos, pero dijo que nunca funcionaría en su departamento. "Mi jefe de división, Tad, nunca se animaría". Galib simplemente le preguntó cómo es que estaba tan segura.

"Simplemente no le interesan estas cosas," contestó.

"¿A qué tipo de cosas te refieres? ¿Qué hace que indica que no le interesan?"

Cheryl explicó que a Tad, que venía de un contexto más tradicional, no le agradaban los cambios. "Por lo regular es muy cerrado".

Galib asintió. "He oído antes eso, créeme. Pero, ¿cómo sabes que Tad es muy cerrado?"

"El mes pasado se negó cuando le sugerí que probáramos un nuevo procedimiento para aplicar exámenes." Cheryl contestó con un suspiro. "Es el tipo de persona que usa la misma corbata todos los días durante años, Galib. Hace cinco años le compramos una nueva, y sigue en su caja sobre el escritorio. No tiene caso tratar de convencerlo de que use este *software*."

"Ya veo", dijo Galib. "¿Crees que es posible que haya tenido algo más en la cabeza cuando le presentaste tu idea?"

"Bueno, ya que lo mencionas", dijo Cheryl, comenzando a pensar, "puede que yo haya sido un poco demasiado exigente."

"¡Ah! ¿Y te funcionó?", preguntó Galib.

"Y puede que lo haya acusado de resistirse al cambio." Se rió Cheryl. "Mmm... no pareció gustarle mucho. De hecho, desde entonces no he hablado con él sobre nada importante."

"Mmm... ¿Te importaría si yo le llamo para hablar sobre reclutamiento en línea? O si prefieres, podríamos llamarlo juntos...".

Cheryl no dejó a Galib terminar. "¿Sabes qué? Creo que lo voy a llamar. Supongo que le debo una disculpa. Luego le voy a preguntar si tiene tiempo de vernos a los dos. Creo que le encantará tu producto."

¡Click!

Obstáculo número 9: arrogancia

La arrogancia con frecuencia oculta debilidad. Un poco de investigación de tu parte revelará que lo que hay detrás de la importancia que alguien pueda darse a sí mismo son falsedades, un andamio de autoridad no merecida y reglas irracionales.

Éste es el penúltimo obstáculo. La gente tiende a colocarse en el centro de su propio universo e inflar ese lugar con sus propios pensamientos, necesidades, motivaciones y valores, y es incapaz de ver los deseos, necesidades y recursos de los demás. La arrogancia también puede aparecer cuando una persona con una opinión muy elevada de sí misma te hace menos a ti o a tu idea frente a otros.

La mejor manera de confrontar la arrogancia es con confianza, sea en ti mismo o en tu idea. Sin embargo, tu convicción debe basarse en fortaleza, experiencia y claridad en vez de debilidad, tus deseos o tu ceguera.

Al enfrentarte con arrogancia, no defiendas tus propias ideas. El mejor enfoque es hacer las preguntas adecuadas para forjar el camino hacia el click.

- **Pide la fuente o una referencia**. Pero hazlo con tacto. Comienza con una frase suavizante, como: "Me gustaría saber", "Tengo curiosidad" o "¿Podrías decirme...?" Intenta las siguientes:
  "Tengo curiosidad, ¿según quién?"
  "¿Me puedes decir cómo sabes eso?"
  "¿Es verdad? Quisiera conocer tu fuente."
  "¿En serio? ¿Sabes el origen de eso?"

- **Pregunta qué le da credibilidad a la fuente**. Puedes saltarte esta parte si ya tienes una fuente confiable, como "el número más reciente del *Journal* *of Applied Biomedical Sciences*". Pero si no crees que la fuente sea confiable (algo como "mi manicurista" o "el *National Enquirer*"), pregunta qué le da la credibilidad. Si la otra persona recurre a una hipérbole o al uso de ambigüedades para describir la fuente ("Todo el mundo lo sabe..." o "Es evidente..."), simplemente repite tu petición: "Aun así, tengo curiosidad, ¿de dónde viene esto?"

• **Proporciona nueva información, fuentes o puntos de referencia en forma de pregunta.** No les digas, consúltalos, como si necesitaras desesperadamente su sabiduría. "Tengo curiosidad por saber qué piensas sobre algo. ¿Sabías que...?" Consultar algo con una persona aparentemente arrogante puede cambiar la forma en que te percibe. Entre mejor sea la información contenida en esas preguntas, es más probable que la arrogancia ceda paso al reconocimiento por lo superior de tu respuesta.

Con frecuencia, la fuente de una persona es ella misma y su propio set de reglas. Lo mejor que puedes hacer es ofrecer nueva información, evidencia y fuentes con confianza. Recuerda que estás hablando con una persona que tiene todo el derecho a tener sus propias reglas, tanto como tú, pero que esto no la vuelve la autoridad suprema en nada. Puedes desafiar su *status quo* al sugerir una nueva perspectiva. "En ese caso, te propongo una idea. A ti no 'se te da' hablar en público, y lo entiendo. Pero tú eres la persona más capacitada en el departamento para hablar de estos nuevos descubrimientos, siempre estás leyendo la información más reciente, ¿no es verdad? Realmente necesitamos que nos pongas al corriente a los demás. Si tú preparas las diapositivas, yo doy la presentación, ¿qué te parece?"

Cuando el click se dificulta...

Los obstáculos pueden causar mucha frustración, y eliminarlos puede requerir paciencia, flexibilidad y determinación. Lo bueno de encontrarte con uno es que una vez que sabes que has chocado con algo, puedes identificarlo y eliminarlo. Aun cuando la comunicación sea difícil, puedes resolver los problemas que haya entre tú y otra persona, y hacer click.

CAPÍTULO 13

Click grupal

La mayoría quiere ser parte de algo más grande que ellos. Pero la gente es independiente por naturaleza, así que para explotar el poder del individuo y lograr que funcione al servicio de un bien mayor, se necesita no sólo lograr que todo el mundo trabaje unido, sino también que se "entiendan" los unos a los otros. Se necesita reunir a las personas alrededor de una idea o una misión. Se necesita un click grupal.

Inspirar a un grupo no quiere decir convencer a todos de tener el mismo punto de vista. Los beneficios de crear un click grupal son muchos y te dan una herramienta que mueve montañas. Con el click grupal comenzarás a ver mayores niveles de conexión, cooperación, productividad, trabajo en equipo, comunicación clara y, a final de cuentas, menos estrés.

> Un click grupal en verdad bueno sucede en el grupo mismo, no en un solo miembro del grupo.

Aunque básicamente lo que quieres es inspirar a un grupo a que haga click en conjunto, puede que baste con que un miembro haga click para que el grupo lo siga y, en ocasiones, para asegurarse de que el click continúe en la dirección correcta. Esa persona puedes ser tú. Sigue las cinco estrategias que se detallan a continuación para asegurarte de que el grupo haga click.

1. Mantén la atención.
Para crear un grupo sustentable, tienes que darle a la gente una razón para unirse y permanecer juntos. Y tienes que señalarle el camino para actuar en consecuencia. Para mantener conectada a la gente, tienes que recordarle constantemente: "Esto es lo que estamos haciendo, la razón por la que lo hacemos y por qué es importante".

Una buena razón le dice a la gente no sólo lo que el grupo hace —lo que ellos, como parte del grupo, hacen—, sino también *por qué* lo hace. Y por qué es importante. Una buena razón crea un propósito y un significado compartido, y le hace saber a la gente tanto *que* están contribuyendo al bien mayor y exactamente *cómo* pueden lograrlo.

Identifica la razón, y luego mantén la atención sobre ella. Esto le da a todos algo en común. Crea una idea central que atraiga a la gente de forma que concentren su atención en ella.

Es como la historia del hombre que va caminando por la calle y ve a tres albañiles trabajando en una iglesia. El hombre le pregunta al primero: "¿Qué estás haciendo?", y éste le responde: "Estoy pegando ladrillos". Luego le pregunta al segundo: "¿Qué estás haciendo?", y éste le responde: "Estoy pegando ladrillos para construir una barda". Luego, le pregunta al tercero: "¿Qué estás haciendo?", y éste le contesta: "Estoy construyendo un santuario". (¿A cuál contratarías para trabajar en tu casa?) Para ayudar a un grupo a hacer click, invítalos a construir un santuario, no sólo a pegar ladrillos.

2. Identifica un objetivo común positivo.

Para lograr que un grupo haga click y que el click se mantenga, dales un objetivo común como punto de convergencia. Proporciona un objetivo claro a lograr (y aclara el camino para lograr dar en ese blanco).

El primer paso es identificar tu objetivo común. Asegúrate de que sea algo positivo, así tendrás más probabilidades de sacar lo mejor que hay en cada persona. La asociación positiva fomenta el comportamiento proactivo, la inventiva y la colaboración creativa. Aun en situaciones negativas, una visión positiva del futuro mantiene el click en el grupo al darles algo hacia lo cual trabajar.

En ocasiones, un enfoque negativo puede movilizar a un grupo. Cuando apelas a los miedos, presentas los peores escenarios posibles o creas o promueves un enemigo común, logras que el grupo se concentre en vencer al malo. Esto puede resultar útil cuando un grupo está realmente bajo ataque, y logra así unirse en la lucha. Pero al mismo tiempo, podrían suspender su capacidad de razonamiento y creatividad a favor de una hiperfijación en el villano. A final de cuentas, esto nunca logrará mantener un click.

La gente se une en una crisis, como se puede ver en la ayuda que se ofrece a las víctimas de huracanes, ataques terroristas, terremotos y asuntos por el estilo. Pero incluso así, los esfuerzos mejores y más duraderos siempre son los que se hacen al servicio de algo positivo, que se mueven hacia algo mejor, no los que sólo se alejan de algo malo. El miedo tarde o temprano se desgasta por su propia naturaleza, pero el deseo es un motivador que perdura. A largo plazo, la esperanza siempre vence al miedo.

3. Trata a la gente con respeto.

Tratar a la gente con respeto sienta las bases para que ellos a su vez te respeten a ti y tu visión, que logren oírte tanto a ti como tu invitación a unirse al click del grupo. No se trata de solicitar que valores, admires, honres o reverencies a nada ni nadie que no se lo haya ganado. Pero es necesario que respetes a todos en la medida en que son personas que hacen lo mejor que pueden, si quieres crear un click. Tratar a todos los miembros del grupo con un mínimo de respeto quiere decir menos conflicto y más involucramiento productivo.

Todo el mundo quiere respeto y nadie quiere perderlo, pero el respeto significa cosas distintas para gente distinta. El mejor consejo posible es convertir la regla de oro en: "Respeta a otros como deseas que te respeten a ti".

> Entre más sepas de la manera en que una persona en específico define el respeto, más fácil te será otorgárselo, y más sencillo te será darte cuenta cuando lo recibas.

En general, todos reconocemos el respeto de otros cuando no nos hacen lo que no quieren que les hagamos a ellos, como cuando evitan hacer promesas que no pueden cumplir, escenas emocionales en público o nos avergüenzan frente a nuestros colegas. Sin embargo, entre más sepas de la manera en que una persona en específico define el respeto, más fácil te será otorgárselo, y más sencillo te será darte cuenta cuando lo recibas. Una forma de averiguar lo que significa el respeto para alguien es conversar sobre gente a la que respeta. Otra es fijarte en la manera en que trata a la gente a quien respeta, y tratarlo de la misma forma. También podrías decirle que te interesa su respeto, y preguntarle cómo te lo puedes ganar.

Respetar a los miembros de un grupo puede hacerse de varias maneras: mantenerte a distancia mientras trabajan; sólo ofrecer tu ayuda cuando es evidente que hace falta; ofrecer encomio y ánimos; hablar bien de ellos a otros. Es igualmente importante evitar señales evidentes de falta de respeto, como mirar para otro lado mientras hablas con ellos, denigrar o descartar ideas o comentarios diciendo que no valen la pena. No puedes ignorar, degradar o descartar a alguien (o sus necesidades o valores), en particular frente a sus colegas, y esperar que haga click con nadie, especialmente contigo y tus ideas.

4. Anima a los integrantes a participar.

Para lograr que un grupo de gente haga click entre sí, busca maneras de incrementar la participación de cada uno en el grupo. La gente tiene una mayor tendencia a participar en un grupo cuando siente que es un miembro valioso del mismo y sabe que puede ser él mismo, pensar por sí mismo y hablar por sí mismo. Una de las mejores maneras de apoyar una participación plena abordando de manera implícita todas estas cosas es invitar a la gente a contribuir con información e ideas, y aceptar de buena gana las intervenciones cuando éstas lleguen. Con este tipo de intercambio abierto de ideas e información, los miembros del grupo que han tenido la oportunidad de hacer una diferencia en el proceso se sienten comprometidos con el resultado del grupo.

Invita a la gente a contribuir con información e ideas, y acepta de buena gana las intervenciones cuando éstas lleguen.

La mayoría de las personas han aprendido a descartar sus propias ideas, generalmente como un mecanismo de defensa contra la posibilidad de que otros las rechacen. Temen que si hablan, los demás los callarán. O anticipan el fenómeno descrito por el filósofo alemán Arthur Schopenhauer: "Toda verdad pasa por tres etapas: primero es ridiculizada. Luego, es objeto de una violenta oposición. Y en tercer lugar, es aceptada como algo evidente." ¿Quién quiere pasar por eso?

Así que si quieres que la gente contribuya con sus ideas, la clave estriba en cómo reaccionas a esas contribuciones. Hay un sencillo proceso de tres pasos que puedes utilizar para recibir todas las ideas con apertura y respeto, asegurando así que la gente siga contribuyendo:

- Primero, di lo que te gusta de la idea. "¿Eliminar la conferencia anual de este año y organizar una videoconferencia? Me parece que podría ahorrar mucho dinero, por no mencionar todo el tiempo y esfuerzo de planearla".
- Segundo, explica lo que no te gusta de la idea. "Pero me preocupa saber si podremos hacer las mismas conexiones si no nos reunimos en persona".
- Tercero (y final), revela lo que hace la idea interesante a tus ojos. "Esto es lo que me intriga: ¿Disminuiría la asistencia sin una sede central física o se incrementaría, una vez que eliminamos la necesidad de viajar? Así que, ¡qué idea tan interesante, gracias por sugerirla!"

Este enfoque es especialmente útil para lidiar con una idea con la que fundamentalmente estás en desacuerdo.

Escuchar de esta manera invita a la gente a seguir hablando al involucrarlos y mostrarles que su idea tiene un valor intrínseco.

5. Mantén a la gente informada.

Para mantener el click en un grupo, la gente necesita algo de perspectiva sobre el proceso en que están involucrados: ¿qué está sucediendo?, ¿en dónde van?

Así que libera la información. Que todo el mundo se entere de los resultados positivos, los recursos disponibles y las lecciones aprendidas de los errores cometidos. Comparte la información para que todo el mundo se beneficie de ella. Todos juntos somos más inteligentes que cualquiera de nosotros.

Para hacer un click exitoso, los grupos también necesitan comunicación previa de los cambios por venir, con tiempo suficiente para considerarlos y aportar sus opiniones si es necesario. Necesitan saber que tienen voz. Esto no quiere decir que se haga lo que ellos *quieren*. Pero necesitan tener la oportunidad de opinar. No acerca de cada detalle o cada paso, pero sí en los momentos clave y en los de cambio. Tienes que mantener a la gente informada.

Cuando se acerque algún cambio, dale al grupo una oportunidad de hacer click alrededor de éste. Esto se logra planteando a los integrantes del grupo tres cosas:

1. Que piensen en ello.
2. Que lo discutan entre sí.
3. Que contribuyan con sus propias opiniones e ideas.

Esto crea un flujo de ideas que no sólo puede producir el click, sino también ayudarte a aclarar tus propios pensamientos y quizá tomar decisiones mejores, o al menos mejor informadas. Un proceso abierto como éste también envía un mensaje de respeto para el grupo. Y aumenta la posibilidad de que éste acepte el resultado final, cualquiera que sea.

Obstáculos para el click grupal

Invitar a la gente a unirse y aplicar sus habilidades y capacidades hacia un propósito común, desafortunadamente no siempre es suficiente por sí solo para unir a la gente. Cuando un grupo necesita un extra para hacer click, los dos obstáculos más comunes que deben vencerse son la fuerza de la costumbre y el cinismo.

Fuerza de la costumbre

Si un grupo no hace click, es posible que simplemente no tenga el hábito de hacer click. O podría ser que los hábitos de este grupo en específico estén bloqueando el click, como la manera en que realizan las juntas, su proceso para presentar nuevas ideas o las formas en que la gente entra y sale del grupo. El grupo puede estar operando en formas que evitan que los integrantes hagan click juntos, que interfieren con su capacidad de percibir buenas ideas u oportunidades nuevas. En ocasiones, los grupos se aferran a hábitos estériles, incluso cuando están conscientes de que son poco menos que ideales: la fuerza de la costumbre lleva a la gente a elegir "malo por conocido" que "bueno por conocer".

En cualquier caso, desarrollar nuevos hábitos será esencial para hacer click. Cambia los viejos hábitos creando nuevos. Los hábitos se forman por medio de la repetición y la intensidad.

Tendemos a adquirir nuevos hábitos cuando buscamos un mayor propósito. Aprendemos cosas nuevas, adoptamos ideas nuevas y mejoramos habilidades antiguas cuando tenemos buenas razones para hacerlo. Así que para mover un grupo en una nueva dirección, comienza con ella en mente. ¿Qué propósito común comparten los integrantes del grupo? ¿Qué pone a todos "en el mismo barco" de la necesidad de cambiar? Más que hacerse el hábito de señalar los viejos hábitos (reforzándolos), comienza a formar un nuevo hábito al encontrar los lazos que unen, y trabajar a partir de ahí. Cuando cuentas con ese punto de enfoque, puedes ponerlo frente a la gente, hacer que las conversaciones giren en torno suyo y recordárselo en cada oportunidad de aprendizaje.

Cinismo

El cinismo presenta un reto aún mayor para el click grupal. En especial el cinismo sobre el click en sí. Si la actitud es, "Como no hicimos click en el pasado, no haremos click ahora", bueno, pues no hay mucho por hacer. Los cínicos que tienen la seguridad de que nunca cambiará nada, lo usarán para justificar su nula contribución. Los cínicos siempre encuentran las fallas y las usan para limitar los esfuerzos de buena voluntad de los demás. Los cínicos ponen en tela de juicio las motivaciones de los demás, lo que evidentemente no conduce al click.

Eliminar los obstáculos

Para sortear estos obstáculos, lo único que necesitas son estas tres estrategias básicas:

1. Sé consistente.

Asegúrate de que los mensajes que envías son directos y consistentes entre sí y con tus acciones. Tus hábitos deben concordar con tus valores y tus palabras con tus obras. Tienes que vivir acorde con las reglas que tú mismo impongas. Y debes encarnar las ideas y valores alrededor de los cuales quieres que el grupo haga click.

Tus mensajes deben ser directos y consistentes entre sí y con tus acciones.

Y arregla cualquier mensaje encontrado en cuanto te percates de su existencia. ¡No esperes que las cosas se arreglen solas! Tienes que solucionarlas de forma directa, como todo lo demás.

Los mensajes encontrados confunden a la gente, y cuando la gente se confunde, se polariza y se enoja, o se encierra en el silencio y la desesperanza. Y se vuelven cínicos. Y el click se detiene.

Los tipos más comunes de mensajes encontrados son: decir una cosa y hacer otra, o insistir en que ocurrirá algo cuando cualquier observador puede ver que está ocurriendo otra cosa. Los mensajes encontrados pueden enviarse de forma simultánea (alguien que asiente con la cabeza mientras dice no) o consecutiva (decir que la compañía valora a sus empleados el lunes y mudar la empresa a otro país el martes). De cualquier manera, en la confusión resultante termina perdiéndose nuestra capacidad de creer en una meta compartida. No puedes hablarle al grupo sobre la importancia de recortar gastos y llegar con una nueva computadora. O animar a todos a pensar creativamente y responder a cada idea nueva con "Así no se hacen las cosas aquí".

Para aclarar un ambiente contaminado por mensajes encontrados, tienes que señalar estos mensajes y aclararlos. Ten cuidado con la confusión y el cinismo que desatan este tipo de mensajes para que puedas intervenir y arreglar los problemas causados. Si algo no tiene sentido, y es tu culpa, tienes que hacerlo notar rápidamente, para evitar las señales conflictivas que resultan de confundir las mentes de las otras personas. Si es alguien más el culpable, asume que no hubo mala intención y aclara los mensajes encontrados separándolos verbalmente y preguntando cuál es la conexión entre ellos. "Dices que quieres ver esto desde una nueva perspectiva, pero sólo has hecho referencia a la forma anterior de hacerlo. Ayúdame a entender cómo se relacionan estas ideas".

Y asegúrate de que uno de los mensajes que envíes sea que si la gente a tu alrededor comienza a notar alguna indicación de cinismo, ayudarán a todos si llaman la atención sobre el punto y hacen preguntas al respecto.

2. Destruye las murallas.

Para lograr que un grupo haga click de nuevo una vez que se ha topado con un obstáculo, tienes que eliminar todas las barreras del éxito y hacer una lluvia de ideas para descubrir la mejor manera de conseguirlo.

Sin el conocimiento y los recursos necesarios, la gente en grupos no podrá hacer click de forma adecuada. Y si no tienen lo que requieren, es necesario que sepan dónde encontrarlo. En ocasiones, este conocimiento se encuentra del otro lado de una muralla, y nadie lo busca ahí porque no pueden ver qué hay. Para facilitar el click, dale acceso a tu grupo a todo lo que necesite: derriba cualquier muralla que se interponga en el progreso. Elimina cualquier barrera entre el grupo y lo necesario para que trabaje. Limpia el camino para que la gente haga lo que sabe que es necesario hacer.

Para poner en marcha las cosas de nuevo, primero es necesario que identifiques la muralla. Puedes saber que la gente ha encontrado una muralla porque deja de avanzar. No pueden conseguir lo que necesitan. Se concentran en el territorio en vez de seguir con el plan o avanzar el propósito.

Ahora puedes remover la muralla. La forma de hacerlo es involucrar a la gente alrededor de la muralla para encontrar un nuevo camino para avanzar. Las palabras mágicas son: "¿Cómo puedo ayudarte a superar esto?" y "¿Qué funcionaría mejor?". Concéntrate en remplazar la muralla con algo útil, más que lamentar la existencia de la muralla.

Hace veinte años, un gerente de Hewlett-Packard me explicó la principal estrategia de su empresa para derribar murallas: "Siempre que alguien da una excusa, hacemos todo lo que podemos para eliminar la fuente de ésta". Si alguien decía: "No me gusta mi horario", HP contestaba: "¿Qué horario te acomoda mejor?". Si alguien decía: "No me gusta este proyecto", HP preguntaba: "¿En qué proyecto te gustaría trabajar?". Si alguien decía que no le gustaba trabajar con su equipo, HP averiguaba con quién le gustaría trabajar. Una vez eliminadas las excusas, no había ninguna razón para no funcionar al cien por ciento.

3. Construye puentes.

En ocasiones, derribar las murallas no será suficiente por sí solo: tendrás que construir puentes para que el grupo vaya de donde está a donde necesita ir.

Puentes para llegar a los recursos, puentes para hacer llegar los recursos al grupo, puentes para que la gente se encuentre... Puedes ayudarlos poniendo todo lo que necesitan para triunfar al alcance de sus manos.

Este tipo de involucramiento y compromiso al proveer los recursos tiene grandes alcances en la construcción del tejido social de un grupo, y todo se reduce a preguntar, escuchar y actuar. En ocasiones, la mejor pregunta es: "¿Qué sugieres?". Si hay mucha gente involucrada, reúne y analiza las respuestas en conjunto para identificar qué recursos faltan y cuál es la mejor forma de acceder a ellos.

Con más frecuencia, la construcción de puentes es un asunto de utilizar tu red para compartir los recursos y la información. Los mensajes que debes enviar son: "No están solos", "Estamos juntos en esto", "Todos juntos somos más inteligentes que cada uno solo". La suma de los recursos colectivos es siempre mayor a lo que cualquier persona tiene acceso aparte del grupo.

Dale a la gente lo que quiere

Puedes facilitar el click del grupo si lo mantienes enfocado en lo que está haciendo y por qué. Una meta común clara —para mejores resultados, una meta positiva— les da a todos un centro alrededor del cual converger. Hablar y comportarse de forma consistente y tratar a la gente con respeto —incluyendo aceptar las contribuciones de todos y mantener a todos informados— te da la altura moral necesaria para lograr que todos jalen parejo. Y lograr que sigan haciendo click después de toparse con un obstáculo. Te lo agradecerán. Abandonados a su suerte, los humanos tienden a actuar como individuos, en primer lugar. Pero en el fondo, la mayor parte de la gente realmente quiere involucrarse con otros, involucrarse en algo más grande que ellos mismos. Anhelan el click grupal.

CAPÍTULO 14

Por qué hacemos click

Llevo tres décadas enseñando comunicación y habilidades para relacionarse y todo mi trabajo se basa en la idea de que para que la gente se lleve bien entre sí y logre cosas, primero tiene que hacer click. En este libro hemos explorado lo que significa hacer click: cómo entender a la gente, cómo lograr que la gente te entienda, que entiendan tus ideas e, incluso, que se entiendan entre ellos.

Casi todo lo bueno y valioso en la vida comienza con un click. Las personas se necesitan unas a otras para que su trabajo sea satisfactorio, para avanzar en sus carreras, para dar significado a sus vidas. Llevarse bien con la gente es fundamental para la felicidad y el éxito de cualquiera. La persona que no sabe cómo llevarse bien con la gente tendrá muchos problemas a lo largo de su vida.

Con frecuencia parece que el click simplemente sucede, pero como se demuestra en este libro, no es necesario que esperes a que te favorezca el destino, las circunstancias o la química natural para conectar con alguien. Puede que sea necesario aplicar determinación y habilidades, pero saber cómo hacer click querrá decir que tienes las herramientas para trabajar mejor con los demás, desarrollar equipos más fuertes y tener un intercambio de ideas e información de mayor calidad. Puedes conectar con quien sea.

Los seres humanos somos sociales por naturaleza. Todos los negocios son, a final de cuentas, de naturaleza humana. Es hora de mejorar tu comportamiento normal y practicar lo que has aprendido. No se trata sólo de que esto sea bueno para ti, es algo que puedes hacer y que nos beneficiará a todos. Así que lleva esta información contigo y comienza a hacer click con más gente, en casa, en el trabajo y en la comunidad que te rodea. Entre más trates de hacer click con otros, mejor entenderás las herramientas y las ideas que se presentaron aquí, y más gente hará click contigo. La confianza se cimenta en la preparación. Y ser efectivo es resultado de la práctica. No basta con que sepas qué hacer. Tienes que *hacer* lo que sabes para dominarlo.

Lo que hagas a partir de este momento —cómo uses el click— es algo que sólo te corresponde a ti. Puedes trabajar mejor con otros y obtener mejores resultados. Puedes desarrollar sociedades y equipos más fuertes. Puedes tener un intercambio de ideas e información de mayor calidad, resolver problemas interpersonales y jugar un mayor papel en lo que ocurre a tu alrededor. Lo mejor de todo es que puedes iniciar y construir relaciones que se convertirán en verdaderas amistades, del tipo que duran para siempre.

Todo cambio para mejorar tiene que comenzar en algún lugar. Que tu cambio comience ahora.

¡Click!

Esta obra se imprimió y encuadernó
en el mes de agosto de 2013,
en los talleres de Jaf Gràfiques,
que se localizan en la
calle Flassaders, 13-15, nave 9,
Polígono Industrial Santiga,
08130, Santa Perpetua de la Mogoda (España)